Georg Trakl

In den Nachmittag geflüstert

INHALT

„Der Raum im Spiegel"

Georg Trakl, Gedichte

1909-1911

1912

1913

1914

„Der Raum im Spiegel"

Ein Vorwort zu Trakls Dichtung

———

„Inzwischen habe ich den *Sebastian im Traum* bekommen und viel darin gelesen; ergriffen, staunend, ahnend und ratlos; denn man begreift bald, daß die Bedingungen dieses Auftönens und Hinklingens unwiederbringlich einzige waren, wie die Umstände, aus denen eben ein Traum kommen mag. Ich denke mir, daß selbst der Nahestehende immer noch wie an Scheiben gepreßt diese Aussichten und Einblicke erfährt, als ein Ausgeschlossener: denn Trakl's Erleben geht wie in Spiegelbildern und füllt seinen ganzen Raum, der unbetretbar ist, wie der Raum im Spiegel. (Wer mag er gewesen sein?)" – So schreibt Rainer Maria Rilke 1915 nach seiner Lektüre von Georg Trakls zweitem Gedichtband, dem posthum erschienenen *Sebastian im Traum*, den Trakl nicht lange vor seinem Tod im Alter von 27 Jahren noch selbst zusammengestellt hatte. „Unbetretbar" nennt Rilke den Raum dieser Dichtung und scheint so zu derselben Ansicht zu tendieren wie so viele nach ihm; immer noch heißt es von Trakls Werk, es sei ‚hermetisch', ‚dunkel', ‚unzugänglich'. Aber Rilke spricht auch von Scheiben und von Spiegeln, gegen die sich der Leser presst, von der unwiderstehlichen Anziehungskraft getrieben, die diese Dichtung auf ihn ausübt; das impliziert, dass, so ‚abgeschlossen' Trakls Raum sein mag, doch ein Fenster existiert, durch das der Leser hineinblicken kann und aus dem ihm sowohl das Andere als auch das eigene Selbst entgegenschauen mag – ewig Getrennt, doch ewig Angesehen. Es ist eine Art Verbundenheit, die gerade durch dieses getrennte Anschauen entsteht, kein wahrhaftes Ausschließen: der Leser ahnt, staunt, wird ergriffen, so Rilke, wenn er auch letzten Endes „ratlos" bleibt. Doch es ist eben eine ergriffene, eine staunende, eine ahnende Ratlosigkeit, welche den Blick in eine andere Wirklichkeit lenkt, die hinter dem Spiegel liegt – die wir vielleicht nicht betreten können, die uns aber *etwas* zeigt und erahnen lässt. Man fühlt sich fast an Paulus' Wort vom „Spiegel in einem dunklen Wort" erinnert, mit dem der späte Apostel die einzige Form der Erkenntnis beschreibt, die uns im diesseitigen Leben offensteht. Und Trakls Lyrik tut nicht zuletzt das: uns die Dunkelheit unserer eigenen Erkenntnisfähigkeit bewusst machen, dieses Schauen durch Spiegel über Spiegel, aus denen uns etwas grauenhaft Wunderbares und herrlich Fürchterliches entgegenblicken mag – oder, in Trakls Worten aus dem *Nachtlied*: „O! ihr stillen Spiegel der Wahrheit. / An des Einsamen elfenbeinerner Schläfe / Erscheint der Abglanz gefallener Engel."

Georg Trakl wurde am 3. Februar 1887 in Salzburg geboren. Sein Geburtsjahr fällt also in jenen engen Zeitraum, innerhalb dessen auch die Mehrheit der übrigen

expressionistischen Dichter, zu denen Trakl gerechnet
wird, das Licht der Welt erblickte: eine Generation von
Gründervätersöhnen (und -töchtern), die zwanzig Jahre
später als Bohemiens und Rebellendichter gegen lite-
rarische wie tatsächliche Väter aufbegehren, in grellen
wie dunklen Farben und eruptivem Aufschrei den apo-
kalyptischen Untergang und Neubeginn predigen und
sich in den Wirren und Nachwehen des Ersten Weltkriegs
hineindichten oder verlieren würden. Trakl, der schon
1914, zu Beginn des Großen Krieges und in der frühen
Phase des Expressionismus, verstarb, ordnet sich in vieler
Hinsicht in die Gruppe dieser Dichter ein, die in ihrer
Lyrik Sprache, Selbst und Welt zerschlugen, um Neues er-
stehen zu lassen; und doch bleibt er eine Erscheinung für
sich, die sich gegen jegliche Epochenzurechnung sperrt.

Wie viele der dem Expressionismus zugerechneten
Dichter stammte auch Trakl aus einem gutbürgerlichen
Milieu: Der Vater war Eisenhändler, der sich vom Klein-
zum Großbürgertum hochgearbeitet hatte, ein sanfter
oder vielleicht auch harter Patriarch; die Mutter sammelte
kunstbegeistert Antiquitäten und überließ, mit Ausnahme
der musischen Bildung, die Erziehung ihrer sechs Kinder
der Gouvernante. In Trakls Lyrik, in der gewisse Bilder
und Begriffe immer wieder aufgegriffen und in immer
neuen Verbindungen wiederholt werden, so dass sie sich
mit ihren ganz eigenen Bedeutungen aufladen, ist das
Wort „Kindheit" stets von einer Aura der Düsternis um-
geben, wohl am deutlichsten in dem Prosagedicht *Traum
und Umnachtung*: „Manchmal erinnerte er sich seiner

Kindheit, erfüllt von Krankheit, Schrecken und Finsternis, verschwiegener Spiele im Sternengarten, oder daß er die Ratten fütterte im dämmernden Hof." Die Kindheit erscheint als etwas unwiederbringlich Verlorenes, aber zugleich als etwas, das nie wirklich besessen wurde. Dieses Gefühl des Verloren-Habens eines Nie-Besessenen durchwirkt Trakls Lyrik von Anfang bis zum Ende. Es bleibt keineswegs auf das Besondere der Kindheit beschränkt, sondern steigert sich zu einem Allgemeinen, das die gesamte menschliche Existenz umfasst und sowohl auf die Vergangenheit („Kindheit") als auch auf die Zukunft („Ungeborenes") gerichtet ist. Besonders erschütternd geschieht dies in Trakls letztem Gedicht *Grodek*, das die Perspektive vor dem Hintergrund des unmittelbar erfahrenen Ersten Weltkriegs von innerem Leiden hin auf die Menschheitspein lenkt: „O stolzere Trauer! ihr ehernen Altäre, / Die heiße Flamme des Geistes nährt heute ein gewaltiger Schmerz, / Die ungeborenen Enkel."

„Der Einsame" ist eine häufig auftretende Gestalt in Trakls Lyrik, und auch die Kindheit und Jugend des Dichters war von Einsamkeit geprägt. Innerhalb der Familie scheint er isoliert gewesen zu sein, unter seinen Schulkameraden galt der junge Trakl, der sich schon früh in existentielle, philosophische Fragen in der Nachfolge Nietzsches versenkte und Gedichte von verstörender Bildlichkeit verfasste, als Sonderling und ‚Spinner'. Bereits zu jener Zeit erwarb sich der adoleszente Trakl in gewisser Weise den Ruf eines *poète maudit*, eines ‚Dichters des Bösen' ganz im Geiste seiner Vorbilder Baudelaire und später

Verlaine und Rimbaud; wie jene experimentierte er mit Alkohol und Drogen, besuchte regelmäßig Bordelle und gab sich dem Lebensgenuss hin, um sich so im Baudelaire'schen Sinne *paradis artificiels* (künstliche Paradiese) zu kreieren – und letzten Endes daran zu scheitern.

Trakl scheint sich abwechselnd seiner Drogensucht selbstvergessen und lustvoll ergeben und sie verbittert verflucht zu haben; immer wieder erwähnt er in Briefen an Freunde Selbstmordabsichten, die jedoch möglicherweise ebenso Hilfeschrei wie Teil seiner Selbstinszenierung als *poète maudit* gewesen sein mögen. Der junge Dichter, der trotz offensichtlicher Intelligenz in seiner Gymnasialzeit mehrmals das Klassenziel nicht erreichte, musste die Schule schließlich abbrechen, ein erstes Scheitern an der (groß)bürgerlichen Existenz, die er nicht weniger verachtete als die anderen jungen, avantgardistischen Intellektuellen seiner Generation. Er flüchtete sich nicht zuletzt in die bewusste Selbstinszenierung als Künstler und Bohemien über Kleidung, Lebensstil und Geisteshaltung; sein Freundeskreis bestand aus jungen Gleichgesinnten, die die Salzburger in unnachahmlich österreichisch-bürgerlicher Manier „das spinnerte Krezl" nannten. Doch ganz verabschieden konnte sich Trakl nie von der bürgerlichen Existenz. Nach seinem Schulabbruch begann er eine Ausbildung als Pharmazeut, ein gerade noch angesehener Beruf, und nach seinem dreijährigen Studium in Wien und einem einjährigen Wehrdienst versuchte er beständig, Fuß zu fassen und trotz seiner neurotischen Angstzustände einen Arbeitsplatz zu halten – ohne Erfolg. Beispielsweise

trat der junge Dichter Ende 1912 eine Stellung im Arbeits-
ministerium in Wien an, nur um nach seinem ersten Tag
dort das Entlassungsgesuch einzureichen.

All den Kämpfen Trakls mit bürgerlicher und Bohè-
me-Existenz, mit Drogensucht, Angstzuständen, Hallu-
zinationen und Selbstmordgedanken lag ein tiefgehendes
psychisches Leiden zugrunde, das bildreichen und er-
greifenden Ausdruck in seinen Gedichten findet und doch
ungreifbar bleibt – es sind jene unwiederbringlichen „Be-
dingungen dieses Auftönens und Hinklingens", von denen
Rilke spricht, und die Trakls Lyrik so einmalig, fremd-
artig und doch zutiefst anrührend machen: „Tönend von
Wohllaut und weichem Wahnsinn", wie es in Trakls *In ein
altes Stammbuch* heißt.

„Alles, was daher von mir bekannt geworden, sind nur
Bruchstücke einer großen Konfession", schreibt Johann
Wolfgang von Goethe in seinem autobiographischen
Meisterwerk *Dichtung und Wahrheit*, und der Leser Trakls
kann sich des Eindrucks kaum erwehren, dass dieser
Ausspruch auch auf die Lyrik des Salzburgers zutreffen
könnte, die den Charakter eines intimen, wenn auch nur
schwer fassbaren Bekenntnisses hat. Doch was bekennt
der Autor hier?

Trakls Gedichte durchzieht ein großer Schmerz und
das Bewusstsein einer ebenso überwältigenden Schuld:
„Groß ist die Schuld des Geborenen. Weh, ihr goldenen
Schauer / Des Todes / Da die Seele kühlere Blüten träumt",
heißt es in *Anif*. Eng verbunden mit diesem allumfassen-
den Schuldig-Sein, und damit auch mit dem Motiv des

Todes und des ewig Sterbenden, ewig Vergehenden, das so prominent in Trakls Lyrik ist, ist das Bild der „Schwester", die die Verse des Dichters von Anfang bis ganz zum Ende durchwandert wie ein Geist oder ein blasser Engel. „Karfreitagskind" nennt Trakl diese Gestalt in *An die Schwester*, deren „Mund in schwarzen Zweigen flüstert" (*Seele des Lebens*); noch in Trakls letztem Gedicht *Grodek* ist sie es, deren „Schatten durch den schweigenden Hain" schwankt, um „zu grüßen die Geister der Helden, die blutenden Häupter". Es gilt für das gesamte Werk des Salzburger Dichters, was er in *Geistliche Dämmerung* schreibt: „Immer tönt der Schwester mondene Stimme / Durch die geistliche Nacht." Zuweilen erscheint es tatsächlich so, dass die Schwester das „Tönenende" in Trakls Lyrik repräsentiert: Sie ist Tod- und Lebenbringende, sie gibt Halt und stürzt ins Unheil, sie tritt auf als Dämon und Heilige, Kind und Verführerin und repräsentiert ewige Verbundenheit wie stete Trennung.

„Die Schwester" ist keineswegs die einzige immer wiederkehrende Gestalt in Trakls Lyrik; da sind die Mutter, der Jüngling, der Einsame, der Fremdling, der Engel, das Wild, um nur einige Protagonisten in Trakls großem lyrischen Drama zu nennen, die alle verschieden und doch alle dieselben sind. Aber „die Schwester", das „Karfreitagskind", umgibt eine ganz besondere Aura, nicht nur, aber auch, weil wir ihre Spiegelung in Trakls Leben wohl am deutlichsten wiederfinden. Es handelt sich dabei um die jüngste Schwester des Dichters, Margarethe, genannt Grete, die unter all ihren Geschwistern Georg selbst nicht nur äußerlich am ähnlichsten war. Sie war diejenige Person, zu der der einsame Adoleszente wohl die engste Bindung knüpfte – eine Bindung, die berühmt-berüchtigterweise nicht rein geschwisterlicher Natur bleiben sollte. „Im Park erblicken zitternd sich Geschwister", heißt es in *Traum des Bösen*, und in *Passion* wird die „Dunkle Liebe / Eines wilden Geschlechts" heraufbeschworen. Der Inzest mit Grete, der wohl irgendwann in der Zeit der Adoleszenz zum ersten Mal vollzogen wurde, war vielleicht nicht der einzige, aber doch der machtvollste Dämon, der Trakl umtrieb; vermutlich verschärfte sich sein Schuldbewusstsein, weil er seine Schwester spätestens während des gemeinsamen Jahres in Wien 1909 mit Drogen in Kontakt brachte, eine Sucht, die auch sie nicht brechen würde können.

Diese „große Schuld" Trakls lieferte zumindest einen Interpretationsansatz für die enge Verschränkung von Liebenden und Tod, von Ekel und Geschlechtlichkeit in Trakls Lyrik. Hand in Hand geht die Gestalt der Schwester mit der der Mutter. Diese wiederum steht stets mit Motiven von Klage, Schmerz, Einsamkeit in Verbindung und kann als eine Spiegelung von Trakls eigener, distanzierter Mutter gesehen werden. Sie wird zur Verkörperung des anklagenden Bewusstseins um die Schuld: „Weh der steinernen Augen der Schwester, da beim Mahle ihr Wahnsinn auf die nächtige Stirn des Bruders trat, der Mutter unter leidenden Händen das Brot zu Stein ward." (*Traum und Umnachtung*) Gleichzeitig ist sie kaum zu trennen von der liebenden Schwester. „Mutter trug das Kindlein im weißen Mond", heißt es in *Sebastian im Traum*; der Mond ist aber auch ein Attribut der Schwester, vor allem dann, wenn sie einen Schimmer von Hoffnung mit sich trägt: „und es hob sich der blaue Schatten des Knaben strahlend im Dunkel, sanfter Gesang; hob sich auf mondenen Flügeln über die grünenden Wipfel, kristallene Klippen das Antlitz der Schwester." (*Offenbarung und Untergang*) Das Bild der Schwester, genau wie das der wilden Liebenden, mögen sie auch todgeweiht sein, bringt letzten Endes eine unterschwellige Vitalität in Trakls Verse hinein, wie in Auflehnung gegen die eigene Selbstnihilierung. Die Liebe ist stets dunkel bei Trakl, bleibt an den Ekel des Verfalls und des Todes gebunden, aber gleichzeitig verwandelt ihre Präsenz Tod und Untergang in etwas Sanftes, selbstverständlich Geschehendes, und leise tönt immer die Hoffnung auf ein Wiederauferstehen; Trakls Tote sind nie wirklich tot, sowie seine Lebenden nie wirklich lebendig sind. Seine Lyrik verschmilzt alle Gegensätze, selbst die großen von Leben und Tod und Gut und Böse, zu einem ambivalenten Ganzen, das in sich selbst unbestimmbar bleibt.

So wie das Bildnis der Schwester Trakls ganzes Werk durchwebt, blieb auch das Leben von Georg und Grete eng verbunden, selbst nachdem die junge Frau 1910, nach dem Tod des Vaters, nach Berlin zog und 1912 eine unglückliche Ehe mit dem um vieles älteren Arthur Langen schloss. Als Grete im März 1914 eine Fehlgeburt erlitt (unheimlicherweise schon zuvor ein oft wiederkehrendes Motiv in Trakls Lyrik), eilte ihr Bruder an ihr Krankenbett; das Ereignis zeichnete ihn schwer. Zuvor hatte

der junge Dichter, der 1912 eine zeitweise Anstellung
als Militärapotheker in Innsbruck gefunden hatte, zum
vielleicht ersten Mal tatsächliche Stabilität und Gemein-
schaft im dortigen Kreis um Ludwig von Ficker und den
Brenner gefunden, nicht zu schweigen eine Plattform für
seine Gedichte. Hier wurde zum ersten Mal die Außer-
gewöhnlichkeit und Genialität von Trakls so befremd-
lich anderer Lyrik in vollem Ausmaß erkannt. Bis dahin
war dem jungen Poeten nur wenig Anerkennung zuteil
geworden; vergeblich hatte er versucht, seine frühen Ge-
dichte zu veröffentlichen, und die Aufführungen zweier
Dramen aus der Feder des ‚spinnerten‘ Trakl im heimat-
lichen Salzburg errangen lediglich Achtungserfolge. 1913
jedoch erschien endlich Trakls erste Gedichtsammlung
unter dem Titel *Gedichte*, und er arbeitete unermüdlich
an der Zusammenstellung der zweiten, *Sebastian im
Traum*; der junge Lyriker erlebte einen regelrechten krea-
tiven Schub. Darüber hinaus bot der Kreis um von Ficker,
der zu Trakls engstem Freund wurde, dem jungen Mann,
der sich so unbehaust fühlte in der Welt und vielleicht
sogar in sich selbst, eine Art Zuflucht (und nicht zuletzt
auch immer wieder finanzielle Unterstützung). Doch
an dem innerpsychischen Leiden Trakls änderte diese
Situation nichts; „es ist ein so namenloses Unglück, wenn
einem die Welt entzweibricht", schrieb er in diesem Jahr
nieder. Auch weiterhin litt er unter Geldsorgen, seiner
Drogensucht und massiven Angstzuständen, was sich
nach dem Besuch bei der leidenden Grete in Berlin nur
verschärfte.

Inmitten der sich verschlimmernden persönlichen Krise wurde Trakl dann kurz nach Kriegsbeginn als Medikamentenakzessist eingezogen und erlebte die Kriegswirklichkeit unmittelbar. Als er nach der Schlacht von Grodek allein um die 90 Schwerverwundete betreuen musste, unfähig, diesen Todgeweihten in irgendeiner Weise tatsächlich beizustehen, zerbrach Georg Trakl. „Ich verfalle recht oft in unsägliche Traurigkeit", schrieb er an von Ficker Ende Oktober 1914, als er bereits nach einem von Kameraden verhinderten Selbstmordversuch in ein Garnisonshospital eingewiesen worden war. Und doch entstanden zu dieser Zeit große Gedicht, die letzten darunter *Klage* und *Grodek*, die er seinem Freund noch kurz vor seinem Tod sandte und in denen Trakl mit dem engen Bilderkosmos, den er aus seinem persönlichen Leiden geknüpft hatte, auf erschütternde Weise nun ein größeres, zugleich konkretes und umfassenderes Leiden in Worte zu bannen wusste. Zwar besingt er auch in früheren Gedichten schon expressionistisch-apokalyptisch den Untergang eines ganzen Geschlechts – denn so empfanden Trakl und seine Generation von Dichtern das Siechtum der späten Kaiserreiche. Aber in seinen letzten Gedichten, den Kriegsgedichten, öffnet sich die Perspektive auf eine Menschheit, die im Nichts versinkt, doch nicht ohne ein goldenes Aufflackern, das vielleicht Hoffnung ist. Georg Trakl selbst jedoch erlag seiner „unsäglichen Traurigkeit"; am 3. November 1914 starb er im Garnisonshospital an einer Überdosis Kokain, die er sich selbst verabreichte. Grete, deren lyrischen Abglanz er noch in seinen letzten beiden großen Gedichten anruft, ereilte ein traurig spiegelbildliches Schicksal. Nach dem Tod ihres Bruders verlor die junge Frau endgültig den Boden unter den Füßen; am 17. September 1917 erschoss sie sich im Alter von 25 Jahren.

Betrachtet man Trakls Werk von den Jugenddichtungen bis zu *Klage* und *Grodek*, ist eine deutliche Entwicklung seines Stils erkennbar. Die Jugendgedichte, die Trakl 1909 zu einem Band zusammenstellte, der jedoch zu seinen Lebzeiten unveröffentlicht blieb, sind in einem an Baudelaire geschulten Décadence-Stil gehalten; der junge Dichter befindet sich noch auf der Suche nach der eigenen Stimme. Doch entfaltete sich schon hier die für Trakl so typische Bilderwelt, aus der sein ganz eigener lyrischer Kosmos entstehen würde. Von etwa 1910 an entwickelte sich Trakls Stil konsequent weiter und nahm seine ganz eigene, im wahrsten Sinne des Wortes merkwürdige Klangfarbe an. Man spricht auch von Trakls impressionistischer Phase: Eindruck um Eindruck reiht sich hier scheinbar rein assoziativ aneinander, oft in ungewöhnlichen Kombinationen, die die gewohnte Wirklichkeitswahrnehmung des Lesers herausfordern. Diese von starken, aber zugleich sanften Naturbildern dominierten Verse erhalten eine traumhafte Qualität, doch eine, die den Blick nicht verschleiert, sondern verschärft. Der Übergang von dieser ,impressionistischen' zu Trakls expressionistischer Lyrik geschieht fließend. Trakls Bildhaftigkeit beginnt, sich von dem Rückbezug auf eine wiedererkennbare Wirklichkeit zu lösen; seine Verse kreieren immer mehr eine neue, poetische, zeichenhafte ,Wirklichkeit', die zutiefst rätselhaft, aber auch zutiefst bedeutungsvoll ist, nämlich voll *eigener* Bedeutung. Besonders deutlich erkennbar wird dies an Trakls Farbsymbolik, die einen wichtigen und äußerst faszinierenden Aspekt der Lyrik des Salzburgers darstellt.

In den früheren Gedichten ist trotz impressionistischer Verfremdung der konkrete Wirklichkeitsbezug der Farbsymbolik gegeben: „Golden reift der Wein am Hügel" in *Frauensegen* (1910), wo auch „Rot die Blätter niederfließen", und *In einem verlassenen Zimmer* (1910) „beugt die heiße Stirne / Sich den weißen Sternen zu." Doch ist bereits in *Die schöne Stadt* (1910) auch von „den braun erhellten Kirchen" die Rede; es beginnt ein Abstraktionsprozess, der sich beständig fortsetzt. Farben werden ihrer konkreten Bedeutung enthoben, in neue, noch nicht gesehene Zusammenhänge gebracht; berühmt ist beispielsweise das in Trakls Lyrik mehrfach auftretende „blaue Wild". Dies ist eine Farbsymbolik, die sich an der alltäglichen Wirklichkeitserfahrung reibt; gerade dadurch aber wird innerhalb der Verse eine zeichenhafte ‚Wirklichkeit' erschaffen, in der Farben Gefühls- und Seinszustände bezeichnen können, ohne das, was sie bezeichnen, konkret festzulegen, wie etwa in Trakls spätem Gedicht *Klage*: „Jüngling aus kristallnem Munde / Sank dein goldner Blick ins Tal; / Waldes Woge rot und fahl / In der schwarzen Abendstunde."

Doch Trakl gelingt mehr, als bloß expressionistisch-abstrakte Farbbilder zu malen. Gerade auch dadurch, dass der Abstraktionsprozess innerhalb seines Gesamtwerkes ein gradueller ist, sich die expressionistische Verfrem-

dung Schritt um Schritt steigert, schafft Trakl ein eigenes
Bedeutungsnetz, einen Bilderkosmos, in dem sich alle
Zeichen aufeinander beziehen. Trakls Lyrik arbeitet im
Grunde mit einem eng begrenzten Repertoire an Bildern
und Begriffen, von denen Farben einen nicht unbedeu-
tenden Teil ausmachen: blau, weiß, golden, schwarz, kris-
tallen sind darunter wohl die prominentesten. Weitere
elementare Begriffe dieses poetischen Zeichennetzes sind
Zustände wie Kindheit, Stille, Tod und Verfall, zeitliche
Momente wie der Abend, die Nacht, die Dämmerung,
der Herbst und die Reihe von *dramatis personae* in Trakls
Lyrik, darunter die vielbesprochene Schwester, die Mutter,
der Fremdling, der Engel, das Wild, das Ungeborene, der
Jüngling. All diese Bedeutungselemente werden schritt-
weise aus vertrauten Kontexten gelöst und in immer neue
gesetzt, die für sich genommen oft rätselhaft sind, doch
ein Netz weben, das Trakls Gedichte miteinander ver-
knüpft und einen neuen Zusammenhang, einen neuen
Bedeutungskosmos schafft.

Walther Killy, der Herausgeber der ersten kritischen
Trakl-Ausgabe, hat die berühmte Behauptung aufgestellt,
das Werk des Salzburgers sei in Wirklichkeit *ein* einziges
großes, zusammenhängendes Gedicht – und diese Aus-
sage hat durchaus ihre Berechtigung. In Trakls Bildwelt
beziehen sich die einzelnen Zeichen stets aufeinander,
schieben sich übereinander, verschmelzen gar miteinan-
der, so dass fast ein einziges, wenn auch dissonantes, frag-
mentiertes, nie vollständiges Bild zu entstehen scheint.
Am eingängigsten geschieht dies im Fall jener *dramatis*

personae, die Spiegelungen der eigenen Lebenswelt Trakls sind, aber durch sein poetisches Verfahren zu einem Mehr werden: die tod- wie lebenbringende Schwester und die Masken, die den Dichter selbst bezeichnen können. Der Knabe, der Fremdling, der Jüngling werden durch ein relativ einfaches Verfahren unauflöslich mit der Gestalt der Schwester verknüpft: Nicht nur werden diese Figuren mit denselben Attributen in Verbindung gebracht (etwa den Farben blau, silbern und gold oder dem Mond und dem Wild), sondern die Schwester wird auch zu „der Jünglingin / Umgeben von bleichen Monden" (*Das Herz*) oder erscheint als „der schwarze Schatten der Fremdlingin" (*Offenbarung und Untergang*). Diese Gestalt wird also aufs Engste mit den Masken verschmolzen, die das dichterische Ich bezeichnen können.

Ähnliche, wenn auch meist komplexere, motivliche Verbindungen kreiert Trakl zwischen allen *dramatis personae* seines lyrischen Kosmos, so dass sich in seinen Gedichten zwar kaum je ein lyrisches Ich manifestiert, es uns aber dennoch aus all diesen Gesichtern gebrochen entgegenzublicken scheint. Dieses vielfach gespiegelte ‚Ich' ist hoffnungslos gespalten, schaut sich aus tausend Spiegeln selbst ins Gesicht und sucht in der Vielheit eine Einheit, die sich nicht zuletzt in der zaghaften Hoffnung auf die hermaphroditische Verbindung mit der Schwester-Gestalt manifestiert, die jedoch auch ins Nichts führen kann: „Aus blauem Spiegel trat die schmale Gestalt der Schwester, und er stürzte wie tot ins Dunkel." (*Traum und Umnachtung*) Doch wie immer bei Trakl sind Gegensätze wie Ganzheit und Nichts nicht wirklich verschieden, sondern in letzter Konsequenz dasselbe – eine unaufgelöste Ambivalenz, die es auszuhalten gilt.

Jedes Gedicht in Trakls eng umgrenztem und doch so überbordendem Kosmos liest sich wie eine ganz eigene Variation *eines* Themas. Dieses Thema selbst jedoch bleibt stets dunkel und ungesagt. Es mag das Ringen des Menschen um eine psychische Ganzheit sein, der langsame Verfall als *conditio humana*, die unauflösliche Einheit von Leben und Tod, die Ambivalenz von Untergang und Rettung, das Ringen mit einer großen Schuld, die „vergebliche Hoffnung des Lebens" (*Sommersneige*) – all dies zusammen und nichts davon. Diese beständige Schwebe, dieses Umkreisen eines unbestimmbaren und doch erahnbaren Themas, macht Trakls Lyrik so anziehend und vielsagend. Hier sind die Dinge nie das, was sie beim ersten Hinsehen zu sein scheinen; sie erfordern ein tiefes Schauen, ein stetes Schauen, wie der Blick in den Spiegel, der immer dasselbe und stets Anderes zeigt. Schließlich gilt, um mit Trakls Worten aus seinem großen Gedicht *Helian* zu schließen: „Doch die Seele erfreut gerechtes Anschaun."

Katharina Maier

GEORG TRAKL, GEDICHTE

1909-1911

VERFALL

Am Abend, wenn die Glocken Frieden läuten,
Folg ich der Vögel wundervollen Flügen,
Die lang geschart, gleich frommen Pilgerzügen,
Entschwinden in den herbstlich klaren Weiten.

Hinwandelnd durch den dämmervollen Garten
Träum ich nach ihren helleren Geschicken
Und fühl der Stunden Weiser kaum mehr rücken.
So folg ich über Wolken ihren Fahrten.

Da macht ein Hauch mich von Verfall erzittern.
Die Amsel klagt in den entlaubten Zweigen.
Es schwankt der rote Wein an rostigen Gittern,

Indes wie blasser Kinder Todesreigen
Um dunkle Brunnenränder, die verwittern,
Im Wind sich fröstelnd blaue Astern neigen.

MELUSINE

Wovon bin ich nur aufgewacht?
Mein Kind, es fielen Blüten zur Nacht!

Wer flüstert so traurig, als wie im Traum?
Mein Kind, der Frühling geht durch den Raum.

O sieh! Sein Gesicht ist tränenbleich!
Mein Kind, er blühte wohl allzu reich.

Wie brennt sein Mund! Warum weine ich?
Mein Kind, ich küsse mein Leben in dich!

Wer fasst mich so hart, wer beugt sich zu mir?
Mein Kind, ich falte die Hände dir.

Wo geh' ich nur hin? Ich träumte so schön!
Mein Kind, wir wollen in Himmel gehn.

Wie gut, wie gut! Wer lächelt so leis'
Da wurden ihre Augen weiß -

Da löschten alle Lichter aus
Und tiefe Nacht durchwehte das Haus.

St.-Peters-Friedhof

Ringsum ist Felseneinsamkeit.
Des Todes bleiche Blumen schauern
Auf Gräbern, die im Dunkel trauern –
Doch diese Trauer hat kein Leid.
Der Himmel lächelt still herab
In diesen traumverschlossenen Garten,
Wo stille Pilger seiner warten.
Es wacht das Kreuz auf jedem Grab.
Die Kirche ragt wie ein Gebet
Vor einem Bilde ewiger Gnaden,
Manch Licht brennt unter den Arkaden,
Das stumm für arme Seelen fleht –
Indes die Bäume blüh'n zur Nacht,
Dass sich des Todes Antlitz hülle
In ihrer Schönheit schimmernde Fülle,
Die Tote tiefer träumen macht.

MUSIK IM MIRABELL

Ein Brunnen singt. Die Wolken stehn
Im klaren Blau, die weißen, zarten.
Bedächtig stille Menschen gehn
Am Abend durch den alten Garten.

Der Ahnen Marmor ist ergraut.
Ein Vogelzug streift in die Weiten.
Ein Faun mit toten Augen schaut
Nach Schatten, die ins Dunkel gleiten.

Das Laub fällt rot vom alten Baum
Und kreist herein durchs offne Fenster.
Ein Feuerschein glüht auf im Raum
Und malet trübe Angstgespenster.

Ein weißer Fremdling tritt ins Haus.
Ein Hund stürzt durch verfallene Gänge.
Die Magd löscht eine Lampe aus,
Das Ohr hört nachts Sonatenklänge.

Das dunkle Tal

In Föhren zerflattert ein Krähenzug
Und grüne Abendnebel steigen
Und wie im Traum ein Klang von Geigen
Und Mägde laufen zum Tanz in Krug.

Man hört Betrunkener Lachen und Schrei,
Ein Schauer geht durch alte Eiben.
An leichenfahlen Fensterscheiben
Huschen die Schatten der Tänzer vorbei.

Es riecht nach Wein und Thymian
Und durch den Wald hallt einsam Rufen.
Das Bettelvolk lauscht auf den Stufen
Und hebt sinnlos zu beten an.

Ein Wild verblutet im Haselgesträuch.
Dumpf schwanken riesige Baumarkaden,
Von eisigen Wolken überladen.
Liebende ruhn umschlungen am Teich.

In einem alten Garten

Resedaduft entschwebt im braunen Grün,
Geflimmer schauert auf den schönen Weiher,
Die Weiden stehn gehüllt in weiße Schleier
Darinnen Falter irre Kreise ziehn.

Verlassen sonnt sich die Terrasse dort,
Goldfische glitzern tief im Wasserspiegel,
Bisweilen schwimmen Wolken übern Hügel,
Und langsam gehn die Fremden wieder fort.

Die Lauben scheinen hell, da junge Frau'n
Am frühen Morgen hier vorbeigegangen,
Ihr Lachen blieb an kleinen Blättern hangen,
In goldenen Dünsten tanzt ein trunkener Faun.

Leuchtende Stunde

Fern am Hügel Flötenklang.
Faune lauern an den Sümpfen,
Wo versteckt in Rohr und Tang
Träge ruhn die schlanken Nymphen.

In des Weihers Spiegelglas
Goldne Falter sich verzücken,
Leise regt im samtnen Gras
Sich ein Tier mit zweien Rücken.

Schluchzend haucht im Birkenhain
Orpheus zartes Liebeslallen,
Sanft und scherzend stimmen ein
In sein Lied die Nachtigallen.

Phöbus eine Flamme glüht
Noch an Aphroditens Munde,
Und von Ambraduft durchsprüht –
Rötet dunkel sich die Stunde.

Sommersonate

Täubend duften faule Früchte.
Büsch' und Bäume sonnig klingen,
Schwärme schwarzer Fliegen singen
Auf der braunen Waldeslichte.

In des Tümpels tiefer Bläue
Flammt der Schein von Unkrautbränden.
Hör' aus gelben Blumenwänden
Schwirren jähe Liebesschreie.

Lang sich Schmetterlinge jagen;
Trunken tanzt auf schwülen Matten
Auf dem Thymian mein Schatten.
Hell verzückte Amseln schlagen.

Wolken starre Brüste zeigen,
Und bekränzt von Laub und Beeren
Siehst du unter dunklen Föhren
Grinsend ein Gerippe geigen.

KINDHEITSERINNERUNG

Die Sonne scheint einsam am Nachmittag,
Und leise entschwebt der Ton der Immen.
Im Garten flüstern der Schwestern Stimmen –
Da lauscht der Knabe im Holzverschlag,

Noch fiebernd über Buch und Bild.
Müd welken die Linden im Blau versunken.
Ein Reiher hängt reglos im Äther ertrunken,
Am Zaun phantastisches Schattenwerk spielt.

Die Schwestern gehen still ins Haus,
Und ihre weißen Kleider schimmern
Bald ungewiss aus hellen Zimmern,
Und wirr erstirbt der Büsche Gebraus.

Der Knabe streichelt der Katze Haar,
Verzaubert von ihrer Augen Spiegel.
Ein Orgelklang hebt fern am Hügel
Sich auf zum Himmel wunderbar.

JAHRESZEIT

Rubingeäder kroch ins Laub.
Dann war der Weiher still und weit.
Am Waldsaum lagen bunt verstreut
Bläulich Gefleck und brauner Staub.

Ein Fischer zog sein Netze ein.
Dann kam die Dämmrung übers Feld.
Doch schien ein Hof noch fahl erhellt
Und Mägde brachten Obst und Wein.

Ein Hirtenlied starb ferne nach.
Dann standen Hütten kahl und fremd.
Der Wald im grauen Totenhemd
Rief traurige Erinnerung wach.

Und über Nacht ward leis' die Zeit
Und wie in schwarzen Löchern flog
Im Wald ein Rabenheer und zog
Nach der Stadt sehr fernem Geläut.

Im Weinland

Die Sonne malt herbstlich Hof und Mauern,
Das Obst, zu Haufen rings geschichtet,
Davor armselige Kinder kauern.
Ein Windstoß alte Linden lichtet.

Durchs Tor ein goldener Schauer regnet
Und müde ruhn auf morschen Bänken
Die Frauen, deren Leib gesegnet.
Betrunkne Glas und Krüge schwenken.

Ein Strolch läßt seine Fidel klingen
Und geil im Tanz sich Kittel blähen.
Hart braune Leiber sich umschlingen.
Aus Fenstern leere Augen sehen.

Gestank steigt aus dem Brunnenspiegel.
Und schwarz, verfallen, abgeschieden
Verdämmern rings die Rebenhügel.
Ein Vogelzug streicht rasch gen Süden.

Frauensegen

Schreitest unter deinen Frau'n
Und du lächelst oft beklommen:
Sind so bange Tage kommen.
Weiß verblüht der Mohn am Zaun.

Wie dein Leib so schön geschwellt
Golden reift der Wein am Hügel.
Ferne glänzt des Weihers Spiegel
Und die Sense klirrt im Feld.

In den Büschen rollt der Tau,
Rot die Blätter niederfließen.
Seine liebe Frau zu grüßen
Naht ein Mohr dir braun und rauh.

DIE SCHÖNE STADT

Alte Plätze sonnig schweigen.
Tief in Blau und Gold versponnen
Traumhaft hasten sanfte Nonnen
Unter schwüler Buchen Schweigen.

Aus den braun erhellten Kirchen
Schaun des Todes reine Bilder,
Großer Fürsten schöne Schilder.
Kronen schimmern in den Kirchen.

Rösser tauchen aus dem Brunnen.
Blütenkrallen drohn aus Bäumen.
Knaben spielen wirr von Träumen
Abends leise dort am Brunnen.

Mädchen stehen an den Toren,
Schauen scheu ins farbige Leben.
Ihre feuchten Lippen beben
Und sie warten an den Toren.

Zitternd flattern Glockenklänge,
Marschtakt hallt und Wacherufen.
Fremde lauschen auf den Stufen.
Hoch im Blau sind Orgelklänge.

Helle Instrumente singen.
Durch der Gärten Blätterrahmen
Schwirrt das Lachen schöner Damen.
Leise junge Mütter singen.

Heimlich haucht an blumigen Fenstern
Duft von Weihrauch, Teer und Flieder.
Silbern flimmern müde Lider
Durch die Blumen an den Fenstern.

DER GEWITTERABEND

O die roten Abendstunden!
Flimmernd schwankt am offenen Fenster
Weinlaub wirr ins Blau gewunden,
Drinnen nisten Angstgespenster.

Staub tanzt im Gestank der Gossen.
Klirrend stößt der Wind in Scheiben.
Einen Zug von wilden Rossen
Blitze grelle Wolken treiben.

Laut zerspringt der Weiherspiegel.
Möven schrein am Fensterrahmen.
Feuerreiter sprengt vom Hügel
Und zerschellt im Tann zu Flammen.

Kranke kreischen im Spitale.
Bläulich schwirrt der Nacht Gefieder.
Glitzernd braust mit einem Male
Regen auf die Dächer nieder.

Zeitalter

Ein Tiergesicht im braunen Grün
Glüht scheu mich an, die Büsche glimmen.
Sehr ferne singt mit Kinderstimmen
Ein alter Brunnen. Ich lausche hin.

Die wilden Dohlen spotten mein
Und rings die Birken sich verschleiern.
Ich stehe still vor Unkrautfeuern
Und leise malen sich Bilder darein,

Auf Goldgrund uralte Liebesmär.
Ihr Schweigen breiten die Wolken am Hügel.
Aus geisterhaftem Weiherspiegel
Winken Früchte, leuchtend und schwer.

SOMMERDÄMMERUNG

Im grünen Äther flimmert jäh ein Stern
Und im Spitale wittern sie den Morgen.
Die Drossel trällert irr im Busch verborgen
Und Klosterglocken gehn traumhaft und fern.

Ein Standbild ragt am Platz, einsam und schlank
Und in den Höfen dämmern rote Blumenpfühle.
Die Luft um Holzbalkone bebt von Schwüle
Und Fliegen taumeln leise um Gestank.

Der Silbervorhang dort vor'm Fenster hehlt
Verschlungene Glieder, Lippen, zarte Brüste.
Ein hart' Gehämmer hallt vom Turmgerüste
Und weiß verfällt der Mond am Himmelszelt.

Ein geisterhafter Traumakkord verschwebt
Und Mönche tauchen aus den Kirchentoren
Und schreiten im Unendlichen verloren.
Ein heller Gipfel sich am Himmel hebt.

DER SCHATTEN

Da ich heut morgen im Garten saß –
Die Bäume standen in blauer Blüh,
Voll Drosselruf und Tirili –
Sah ich meinen Schatten im Gras,

Gewaltig verzerrt, ein wunderlich Tier,
Das lag wie ein böser Traum vor mir.

Und ich ging und zitterte sehr,
Indes ein Brunnen ins Blaue sang
Und purpurn eine Knospe sprang
Und das Tier ging nebenher.

Abendlicher Reigen

Asternfelder braun und blau,
Kinder spielen dort an Grüften,
In den abendlichen Lüften,
Hingehaucht in klaren Lüften
Hängen Möven silbergrau.
Hörnerschall hallt in der Au.

In der alten Schenke schrein
Toller auf verstimmte Geigen,
An den Fenstern rauscht ein Reigen,
Rauscht ein bunter Ringelreigen,
Rasend und berauscht von Wein.
Fröstelnd kommt die Nacht herein.

Lachen flattert auf, verweht,
Spöttisch klimpert eine Laute,
Leise eine stille Raute,
Eine schwermutvolle Raute
An der Schwelle niedergeht.
Klingklang! Eine Sichel mäht.

Traumhaft webt der Kerzen Schein,
Malt dies junge Fleisch verfallen,
Klingklang! Hörs im Nebel hallen,
Nach dem Takt der Geigen hallen,
Und vorbei tanzt nackt Gebein.
Lange schaut der Mond herein.

DER TRAUM EINES NACHMITTAGS

Still! der Alte kommt gegangen;
Und sein Schritt verdämmert wieder.
Schatten schweben auf und nieder –
Birken, die ins Fenster hangen.

Und am alten Rebenhügel
Tollt aufs neu der faunische Reigen,
Und die schlanken Nymphen steigen
Leise aus dem Brunnenspiegel.

Hör! da droht ein fern Gewittern.
Weihrauch dampft aus dunklen Kressen,
Falter feiern stille Messen
Vor verfall'nen Blumengittern.

In einem verlassenen Zimmer

Fenster, bunte Blumenbeeten,
eine Orgel spielt herein.
Schatten tanzen an Tapeten,
Wunderlich ein toller Reihn.

Lichterloh die Büsche wehen
Und ein Schwarm von Mücken schwingt
Fern im Acker Sensen mähen
Und ein altes Wasser singt.

Wessen Atem kommt mich kosen?
Schwalben irre Zeichen ziehn.
Leise fließt im Grenzenlosen
Dort das goldne Waldland hin.

Flammen flackern in den Beeten.
Wirr verzückt der tolle Reihn
An den gelblichen Tapeten.
Jemand schaut zur Tür herein.

Weihrauch duftet süß und Birne
Und es dämmern Glas und Truh.
Langsam beugt die heiße Stirne
Sich den weißen Sternen zu.

AM FRIEDHOF

Morsch Gestein ragt schwül erwärmt.
Gelbe Weihrauchdünste schweben.
Bienen summen wirr verschwärmt
Und die Blumengitter beben.

Langsam regt sich dort ein Zug
An den sonnenstillen Mauern,
Schwindet flimmernd, wie ein Trug –
Totenlieder tief verschauern.

Lange lauscht es nach im Grün,
Lässt die Büsche heller scheinen;
Braune Mückenschwärme sprühn
Über alten Totensteinen.

MÄRCHEN

Raketen sprühn im gelben Sonnenschein;
Im alten Park welch maskenhaft Gewimmel.
Landschaften spiegeln sich am grauen Himmel
Und manchmal hört den Faun man grässlich schrein.

Sein goldnes Grinsen zeigt sich grell im Hain.
In Kressen tobt der Hummeln Schlachtgetümmel,
Ein Reiter trabt vorbei auf fahlem Schimmel.
Die Pappeln glühn in ungewissen Reihn.

Die Kleine, die im Weiher heut ertrank,
Ruht eine Heilige im kahlen Zimmer
Und öfter blendet sie ein Wolkenschimmer.

Die Alten gehn im Treibhaus stumpf und krank
Und gießen ihre Blumen, die verdorren.
Am Tore flüstern Stimmen traumverworren.

Im Mondschein

Ein Heer von Ungeziefer, Mäusen, Ratten
Tollt auf der Diele, die im Mondschein schimmert.
Der Wind schreit wie im Traume auf und wimmert.
Am Fenster zittern kleiner Blätter Schatten.

Bisweilen zwitschern Vögel in den Zweigen
Und Spinnen kriechen an den kahlen Mauern.
Durch leere Gänge bleiche Flecken schauern.
Es wohnt im Haus ein wunderliches Schweigen.

Im Hofe scheinen Lichter hinzugleiten
Auf faulem Holz, verfallenem Gerümpel.
Dann gleißt ein Stern in einem schwarzen Tümpel.
Figuren stehn noch da aus alten Zeiten.

Man sieht Konturen noch von anderen Dingen
Und eine Schrift, verblasst auf morschen Schildern,
Vielleicht die Farben auch von heitreren Bildern:
Engel, die vor Mariens Throne singen.

MELANCHOLIE DES ABENDS

— Der Wald, der sich verstorben breitet —
Und Schatten sind um ihn, wie Hecken.
Das Wild kommt zitternd aus Verstecken,
Indes ein Bach ganz leise gleitet

Und Farnen folgt aus alten Steinen
Und silbern glänzt aus Laubgewinden.
Man hört ihn bald in schwarzen Schlünden —
Vielleicht, dass auch schon Sterne scheinen.

Der dunkle Plan scheint ohne Maßen,
Verstreute Dörfer, Sumpf und Weiher,
Und etwas täuscht dir vor ein Feuer.
Ein kalter Glanz huscht über Straßen.

Am Himmel ahnet man Bewegung,
Ein Heer von wilden Vögeln wandern
Nach jenen Ländern, schönen, andern.
Es steigt und sinkt des Rohres Regung.

Heiterer Frühling

1

Am Bach, der durch das gelbe Brachfeld fließt,
Zieht noch das dürre Rohr vom vorigen Jahr.
Durchs Graue gleiten Klänge wunderbar,
Vorüberweht ein Hauch von warmem Mist.

An Weiden baumeln Kätzchen sacht im Wind,
Sein traurig Lied singt träumend ein Soldat.
Ein Wiesenstreifen saust verweht und matt,
Ein Kind steht in Konturen weich und lind.

Die Birken dort, der schwarze Dornenstrauch,
Auch fliehn im Rauch Gestalten aufgelöst.
Hell Grünes blüht und anderes verwest
Und Kröten schliefen durch den grünen Lauch.

2

Dich lieb ich treu du derbe Wäscherin.
Noch trägt die Flut des Himmels goldene Last.
Ein Fischlein blitzt vorüber und verblasst;
Ein wächsern Antlitz fließt durch Erlen hin.

In Gärten sinken Glocken lang und leis
Ein kleiner Vogel trällert wie verrückt.
Das sanfte Korn schwillt leise und verzückt
Und Bienen sammeln noch mit ernstem Fleiß.

Komm Liebe nun zum müden Arbeitsmann!
In seine Hütte fällt ein lauer Strahl.
Der Wald strömt durch den Abend herb und fahl
Und Knospen knistern heiter dann und wann.

3

Wie scheint doch alles Werdende so krank!
Ein Fieberhauch um einen Weiler kreist;
Doch aus Gezweigen winkt ein sanfter Geist
Und öffnet das Gemüte weit und bang.

Ein blühender Erguss verrinnt sehr sacht
Und Ungebornes pflegt der eignen Ruh.
Die Liebenden blüh'n ihren Sternen zu
Und süßer fließt ihr Odem durch die Nacht.

So schmerzlich gut und wahrhaft ist, was lebt;
Und leise rührt dich an ein alter Stein:
Wahrlich! Ich werde immer bei euch sein.
O Mund! der durch die Silberweide bebt.

ROMANZE ZUR NACHT

Einsamer unterm Sternenzelt
Geht durch die Mitternacht.
Der Knab aus Träumen wirr erwacht,
Sein Antlitz grau im Mond verfällt.

Die Närrin weint mit offnem Haar
Am Fenster, das vergittert starrt.
Im Teich vorbei auf süßer Fahrt
Ziehn Liebende sehr wunderbar.

Der Mörder lächelt bleich im Wein,
Die Kranken Todesgrausen packt.
Die Nonne betet wund und nackt
Vor des Heilands Kreuzespein.

Die Mutter leis' im Schlafe singt.
Sehr friedlich schaut zur Nacht das Kind
Mit Augen, die ganz wahrhaft sind.
Im Hurenhaus Gelächter klingt.

Beim Talglicht drunt' im Kellerloch
Der Tote malt mit weißer Hand
Ein grinsend Schweigen an die Wand.
Der Schläfer flüstert immer noch.

GEISTLICHES LIED

Zeichen, seltne Stickerein
Malt ein flatternd Blumenbeet.
Gottes blauer Odem weht
In den Gartensaal herein,
Heiter ein.
Ragt ein Kreuz im wilden Wein.

Hör' im Dorf sich viele freun,
Gärtner an der Mauer mäht,
Leise eine Orgel geht,
Mischet Klang und goldenen Schein,
Klang und Schein.
Liebe segnet Brot und Wein.

Mädchen kommen auch herein
Und der Hahn zum letzten kräht.
Sacht ein morsches Gitter geht
Und in Rosen Kranz und Reihn,
Rosenreihn
Ruht Maria weiß und fein.

Bettler dort am alten Stein
Scheint verstorben im Gebet,
Sanft ein Hirt vom Hügel geht
Und ein Engel singt im Hain,
Nah im Hain
Kinder in den Schlaf hinein.

Westliche Dämmerung

Ein Faungeschrei durch Funken tollt,
In Parken schäumen Lichtkaskaden,
Metallischer Brodem um Stahlarkaden
Der Stadt, die um die Sonne rollt.

Ein Gott jagt schimmernd im Tigergespann
Vorbei an Frauen und hellen Bazaren,
Erfüllt von fließenden Golden und Waren.
Und Sklavenvolk heult dann und wann.

Ein trunknes Schiff dreht am Kanal
Sich träg in grünen Sonnengarben.
Ein heiteres Konzert von Farben
Hebt leise an vorm Hospital.

Ein Quirinal zeigt finstere Pracht.
In Spiegeln bunte Mengen kreisen
Auf Brückenbögen und Geleisen.
Vor Banken bleich ein Dämon wacht.

Ein Träumender sieht schwangere Fraun
In schleimigem Glanz vorübergleiten,
Ein Sterbender hört Glocken läuten –
Ein goldner Hort glüht leis' im Graun.

Im roten Laubwerk voll Guitarren

Im roten Laubwerk voll Guitarren
Der Mädchen gelbe Haare wehen
Am Zaun, wo Sonnenblumen stehen.
Durch Wolken fährt ein goldener Karren.

In brauner Schatten Ruh verstummen
Die Alten, die sich blöd umschlingen.
Die Waisen süß zur Vesper singen.
In gelben Dünsten Fliegen summen.

Am Bache waschen noch die Frauen.
Die aufgehängten Linnen wallen.
Die Kleine, die mir lang gefallen,
Kommt wieder durch das Abendgrauen.

Vom lauen Himmel Spatzen stürzen
In grüne Löcher voll Verwesung.
Dem Hungrigen täuscht vor Genesung
Ein Duft von Brot und herben Würzen.

Frühling der Seele[1]

Aufschrei im Schlaf;
    durch schwarze Gassen stürzt der Wind,
Das Blau des Frühlings winkt durch brechendes Geäst,
Purpurner Nachttau und es erlöschen rings die Sterne.
Grünlich dämmert der Fluss, silbern die alten Alleen
Und die Türme der Stadt. O sanfte Trunkenheit
Im gleitenden Kahn und die dunklen Rufe der Amsel
In kindlichen Gärten. Schon lichtet sich der rosige Flor.

Feierlich rauschen die Wasser.
    O die feuchten Schatten der Au,
Das schreitende Tier; Grünendes, Blütengezweig
Rührt die kristallene Stirne;
    schimmernder Schaukelkahn.
Leise tönt die Sonne im Rosengewölk am Hügel.
Groß ist die Stille des Tannenwalds,
    die ernsten Schatten am Fluss.

Reinheit! Reinheit!
    Wo sind die furchtbaren Pfade des Todes,
Des grauen steinernen Schweigens, die Felsen der Nacht
Und die friedlosen Schatten?
                 Strahlender Sonnenabgrund.

---

1 *Frühling der Seele I*, entstanden Oktober 1911 bis Januar 1912

Schwester, da ich dich fand an einsamer Lichtung
Des Waldes und Mittag war
    und groß das Schweigen des Tiers;
Weiße unter wilder Eiche,
    und es blühte silbern der Dorn.
Gewaltiges Sterben und
    die singende Flamme im Herzen.

Dunkler umfließen die Wasser
    die schönen Spiele der Fische.
Stunde der Trauer, Schweigender Anblick der Sonne;
Es ist die Seele ein Fremdes auf Erden.
    Geistlich dämmert
Bläue über dem verhauenen Wald und es läutet
Lange eine dunkle Glocke im Dorf; friedlich Geleit.
Stille blüht die Myrthe über den weißen Lidern
    des Toten.

Leise tönen die Wasser im sinkenden Nachmittag
Und es grünet dunkler die Wildnis am Ufer,
    Freude im rosigen Wind;
Der sanfte Gesang des Bruders am Abendhügel.

Seele des Lebens

Verfall, der weich das Laub umdüstert,
Es wohnt im Wald sein weites Schweigen.
Bald scheint ein Dorf sich geisterhaft zu neigen.
Der Schwester Mund in schwarzen Zweigen flüstert.

Der Einsame wird bald entgleiten,
Vielleicht ein Hirt auf dunklen Pfaden.
Ein Tier tritt leise aus den Baumarkaden,
Indes die Lider sich vor Gottheit weiten.

Der blaue Fluss rinnt schön hinunter,
Gewölke sich am Abend zeigen;
Die Seele auch in engelhaftem Schweigen.
Vergängliche Gebilde gehen unter.

1912

***

Die Kirche

Gemalte Engel hüten die Altäre;
Und Ruh und Schatten; Strahl aus blauen Augen.
In Weihrauchdünsten schimmern schmutzige Laugen.
Gestalten schwanken jammervoll ins Leere.

Im Schwarzen Betstuhl gleichet der Madonne
Ein kleines Hürlein mit verblichnen Wangen.
An goldnen Strahlen Wachsfiguren hangen;
Weißbärtigen Gott umkreisen Mond und Sonne.

Ein Schein von weichen Säulen und Gerippen.
Am Chor der Knaben süße Stimmen starben.
Sehr leise regen sich versunkene Farben,
Ein strömend Rot von Magdalenens Lippen.

Ein schwangeres Weib geht irr in schweren Träumen
Durch diese Dämmerung voll Masken, Fahnen.
Ihr Schatten kreuzt der Heiligen stille Bahnen,
Der Engel Ruh in kalkgetünchten Räumen.

Wintergang in a-Moll

Oft tauchen rote Kugeln aus Geästen,
Die langer Schneefall sanft und schwarz verschneit.
Der Priester gibt dem Toten das Geleit.
Die Nächte sind erfüllt von Maskenfesten.

Dann streichen übers Dorf zerzauste Krähen;
In Büchern stehen Märchen wunderbar.
Ans Fenster flattert eines Greisen Haar.
Dämonen durch die kranke Seele gehen.

Der Brunnen friert im Hof. Im Dunkel stürzen
Verfallne Stiegen und es weht ein Wind
Durch alte Schächte, die verschüttet sind.
Der Gaumen schmeckt des Frostes starke Würzen.

Kleines Konzert

Ein Rot, das traumhaft dich erschüttert –
Durch deine Hände scheint die Sonne.
Du fühlst dein Herz verrückt vor Wonne
Sich still zu einer Tat bereiten.

In Mittag strömen gelbe Felder.
Kaum hörst du noch der Grillen Singen,
Der Mäher hartes Sensenschwingen.
Einfältig schweigen goldene Wälder.

Im grünen Tempel glüht Verwesung.
Die Fische stehen still. Gottes Odem
Weckt sacht ein Saitenspiel im Brodem.
Aussätzigen winkt die Flut Genesung.

Geist Dädals schwebt in blauen Schatten,
Ein Duft von Milch in Haselzweigen.
Man hört noch lang den Lehrer geigen,
Im leeren Hof den Schrei der Ratten.

Im Krug an scheußlichen Tapeten
Blühn kühlere Violenfarben.
Im Hader dunkle Stimmen starben,
Narziß im Endakkord von Flöten.

TRÄUMEREI AM ABEND

Wo einer abends geht, ist nicht des Engels Schatten
Und Schönes! Es wechseln Gram und
    sanfteres Vergessen;
Des Fremdlings Hände tasten Kühles und Zypressen
Und seine Seele fasst ein staunendes Ermatten.

Der Markt ist leer von roten Früchten und Gewinden.
Einträchtig stimmt der Kirche schwärzliches Gepränge,
In einem Garten tönen sanften Spieles Klänge,
Wo Müde nach dem Mahle sich zusammenfinden.

Ein Wagen rauscht,
    ein Quell sehr fern durch grüne Pfühle.
Da zeigt sich eine Kindheit traumhaft und verflossen,
Angelens Sterne,
    fromm zum mystischen Bild geschlossen,
Und ruhig rundet sich die abendliche Kühle.

Dem einsam Sinnenden löst weißer Mohn die Glieder,
Dass er Gerechtes schaut und Gottes tiefe Freude.
Vom Garten irrt sein Schatten her in weißer Seide
Und neigt sich über trauervolle Wasser nieder.

Gezweige stießen flüsternd ins verlassne Zimmer
Und Liebendes und kleiner Abendblumen Beben.
Der Menschen Stätte gürten Korn und goldne Reben,
Den Toten aber sinnet nach ein mondner Schimmer.

AN ANGELA

(erste Fassung)

1

Ein einsam Schicksal in verlaßnen Zimmern
Ein sanfter Wahnsinn tastet an Tapeten.
An Fenstern fließen Pelagonienbeeten,
Narzissen auch und keuscher im Verkümmern
Als Alabaster, die im Garten schimmern.

In blauen Schleiern lächeln Indiens Morgen.

Ihr süßer Weihrauch scheucht des Fremdlings Sorgen,
Schlaflose Nacht am Weiher um Angelen.
In leerer Maske ruht sein Schmerz verborgen,
Gedanken, die sich schwarz ins Dunkel stehlen.

Die Drosseln lachen rings aus sanften Kehlen.

2

Die Früchte, die sich rot in Zweigen runden, –
Angelens Lippen, die ihr Süßes zeigen,
Wie Nymphen, die sich über Quellen neigen
In ruhevollem Anblick lange Stunden,
Des Nachmittags grüngoldne, lange Stunden.

Doch manchmal kehrt der Geist zu Kampf und Spiele.

In goldnen Wolken wogt ein Schlachtgewühle
Und Hyazinthnes treibt aus wirren Kressen.
Ein Dämon sinnt Gewitter in der Schwüle,
Im Grabesschatten trauriger Zypressen.

Da fällt der erste Blitz aus schwarzen Essen.

3

Der Juniweiden abendlich Geflüster;
Lang klingt ein Regen nach in Flötenklängen.
Wie regungslos im Grau die Vögel hängen!
Und hier Angelens Ruh im Zweiggedüster;
Es ist der Dichter dieser Schönheit Priester.

Von dunkler Kühle ist sein Mund umflossen.

Im Tal ruhn weiche Nebel hingegossen.
Am Saum des Waldes und der Schwermut Schatten
Schwebt Goldenes von seinem Mund geflossen
Am Saum des Waldes und der Schwermut Schatten.

Die Nacht umfängt sein trunkenes Ermatten.

Immer dunkler

Der Wind, der purpurne Wipfel bewegt,
Ist Gottes Odem, der kommt und geht.
Das schwarze Dorf vorm Wald aufsteht;
Drei Schatten sind über den Acker gelegt.

Kärglich dämmert unten und still
Den Bescheidenen das Tal.
Grüßt ein Ernstes in Garten und Saal,
Das den Tag beenden will,

Fromm und dunkel ein Orgelklang.
Marie thront dort im blauen Gewand
Und wiegt ihr Kindlein in der Hand.
Die Nacht ist sternenklar und lang.

Dezembersonett

(2. Fassung)

Am Abend ziehen Gaukler durch den Wald,
Auf wunderlichen Wägen, kleinen Rossen.
In Wolken scheint ein goldner Hort verschlossen,
Im dunklen Plan sind Dörfer eingemalt.

Der rote Wind bläht Linnen schwarz und kalt.
Ein Hund verfault, ein Strauch raucht blutbegossen.
Von gelben Schrecken ist das Rohr durchflossen
Und sacht ein Leichenzug zum Friedhof wallt.

Des Greisen Hütte schwindet nah im Grau.
Im Weiher gleißt ein Schein von alten Schätzen.
Die Bauern sich im Krug zum Weine setzen.

Ein Knabe gleitet scheu zu einer Frau.
Ein Mönch verblaßt im Dunkel sanft und düster.
Ein kahler Baum ist eines Schläfers Küster.

ABENDMUSE

Ans Blumenfenster wieder kehrt
   des Kirchturms Schatten
Und Goldnes. Die heiße Stirn verglüht
   in Ruh und Schweigen.
Ein Brunnen fällt im Dunkel von Kastanienzweigen –
Da fühlst du: es ist gut! in schmerzlichem Ermatten.

Der Markt ist leer von Sommerfrüchten und Gewinden.
Einträchtig stimmt der Tore schwärzliches Gepränge.
In einem Garten tönen sanften Spieles Klänge,
Wo Freunde nach dem Mahle sich zusammenfinden.

Des weißen Magiers Märchen lauscht die Seele gerne.
Rund saust das Korn,
   das Mäher nachmittags geschnitten.
Geduldig schweigt das harte Leben in den Hütten;
Der Kühe linden Schlaf bescheint die Stallaterne.

Von Lüften trunken sinken balde ein die Lider
Und öffnen leise sich zu fremden Sternenzeichen.
Endymion taucht aus dem Dunkel alter Eichen
Und beugt sich über trauervolle Wasser nieder.

Verklärter Herbst

Gewaltig endet so das Jahr
Mit goldnem Wein und Frucht der Gärten.
Rund schweigen Wälder wunderbar
Und sind des Einsamen Gefährten.

Da sagt der Landmann: Es ist gut.
Ihr Abendglocken lang und leise
Gebt noch zum Ende frohen Mut.
Ein Vogelzug grüßt auf der Reise.

Es ist der Liebe milde Zeit.
Im Kahn den blauen Fluss hinunter
Wie schön sich Bild an Bildchen reiht –
Das geht in Ruh und Schweigen unter.

Im Park

Wieder wandelnd im alten Park,
O! Stille gelb und roter Blumen.
Ihr auch trauert, ihr sanften Götter,
Und das herbstliche Gold der Ulme.
Reglos ragt am bläulichen Weiher
Das Rohr, verstummt am Abend die Drossel.
O! dann neige auch du die Stirne
Vor der Ahnen verfallenem Marmor.

DE PROFUNDIS[1]

Es ist ein Stoppelfeld, in das ein schwarzer Regen fällt.
Es ist ein brauner Baum, der einsam dasteht.
Es ist ein Zischelwind, der leere Hütten umkreist.
Wie traurig dieser Abend.

Am Weiler vorbei
Sammelt die sanfte Waise noch spärliche Ähren ein.
Ihre Augen weiden rund und goldig in der Dämmerung
Und ihr Schoß harrt des himmlischen Bräutigams.

Bei der Heimkehr
Fanden die Hirten den süßen Leib
Verwest im Dornenbusch.

Ein Schatten bin ich ferne finsteren Dörfern.
Gottes Schweigen
Trank ich aus dem Brunnen des Hains.

Auf meine Stirne tritt kaltes Metall
Spinnen suchen mein Herz.
Es ist ein Licht, das in meinem Mund erlöscht.

Nachts fand ich mich auf einer Heide,
Starrend von Unrat und Staub der Sterne.
Im Haselgebüsch
Klangen wieder kristallne Engel.

---

1 letzte Überarbeitung am 20. oder 21. Juli 1914

Beim jungen Wein

(1. Fassung)

Sonne purpurn untergeht,
Schwalbe ist schon ferngezogen.
Unter abendlichen Bogen
Junger Wein die Runde geht;
Kind dein wildes Lachen.

Schmerz, darin die Welt vergeht.
Bleib der Augenblick gewogen,
Da im Abend hölzner Bogen
Junger Wein die Runde geht;
Kind dein wildes Lachen.

Flackerstern ans Fenster weht,
Kommt die schwarze Nacht gezogen,
Wenn im Schatten dunkler Bogen
Junger Wein die Runde geht;
Kind dein wildes Lachen.

Beim jungen Wein[1]

(2. Fassung)

Sonne purpurn untergeht,
Schwalbe ist schon ferngezogen.
Unter abendlichen Bogen
Junger Wein die Runde geht;
Schnee fällt hinterm Berge.

Sommers letztes Grün verweht,
Jäger kommt vom Wald gezogen.
Unter abendlichen Bogen
Junger Wein die Runde geht;
Schnee fällt hinterm Berge.

Fledermaus die Stirn umweht,
Kommt ein Fremdling still gezogen.
Unter abendlichen Bogen
Junger Wein die Runde geht;
Schnee fällt hinterm Berge.

---

1 letzte Überarbeitung im Dezember 1913 oder April 1914

Rote Gesichter verschlang die Nacht,
An härener Mauer
Tastet ein kindlich Gerippe im Schatten
Des Trunkenen, zerbrochenes Lachen
Im Wein, glühende Schwermut,
Geistesfolter – ein Stein verstummt
Die blaue Stimme des Engels
Im Ohr des Schläfers. Verfallenes Licht.

Im Winter

Der Acker leuchtet weiß und kalt.
Der Himmel ist einsam und ungeheuer.
Dohlen kreisen über dem Weiher
Und Jäger steigen nieder vom Wald.

Ein Schweigen in schwarzen Wipfeln wohnt.
Ein Feuerschein huscht aus den Hütten.
Bisweilen schnellt sehr fern ein Schlitten
Und langsam steigt der graue Mond.

Ein Wild verblutet sanft am Rain
Und Raben plätschern in blutigen Gossen.
Das Rohr bebt gelb und aufgeschossen.
Frost, Rauch, ein Schritt im leeren Hain.

Die Bauern

Vorm Fenster tönendes Grün und Rot.
Im schwarzverräucherten, niederen Saal
Sitzen die Knechte und Mägde beim Mahl;
Und sie schenken den Wein und sie brechen das Brot.

Im tiefen Schweigen der Mittagszeit
Fällt bisweilen ein karges Wort.
Die Äcker flimmern in einem fort
Und der Himmel bleiern und weit.

Fratzenhaft flackert im Herd die Glut
Und ein Schwarm von Fliegen summt.
Die Mägde lauschen blöd und verstummt
Und ihre Schläfen hämmert das Blut.

Und manchmal treffen sich Blicke voll Gier,
Wenn tierischer Dunst die Stube durchweht.
Eintönig spricht ein Knecht das Gebet
Und ein Hahn kräht unter der Tür.

Und wieder ins Feld. Ein Grauen packt
Sie oft im tosenden Ährengebraus
Und klirrend schwingen ein und aus
Die Sensen geisterhaft im Takt.

DIE RATTEN

Im Hof scheint weiß der herbstliche Mond.
Vom Dachrand fallen phantastische Schatten.
Ein Schweigen in leeren Fenstern wohnt;
Da tauchen leise herauf die Ratten.

Und huschen pfeifend hier und dort
Und ein gräulicher Dunsthauch wittert
Ihnen nach aus dem Abort,
Den geisterhaft der Mondschein durchzittert.

Und sie keifen vor Gier wie toll
Und erfüllen Haus und Scheunen,
Die von Korn und Früchten voll.
Eisige Winde im Dunkel greinen.

Im Herbst

Die Sonnenblumen leuchten am Zaun,
Still sitzen Kranke im Sonnenschein.
Im Acker mühn sich singend die Frau'n,
Die Klosterglocken läuten darein.

Die Vögel sagen dir ferne Mär',
Die Klosterglocken läuten darein.
Vom Hof tönt sanft die Geige her.
Heut keltern sie den braunen Wein.

Da zeigt der Mensch sich froh und lind.
Heut keltern sie den braunen Wein.
Weit offen die Totenkammern sind
Und schön bemalt vom Sonnenschein.

Der Spaziergang

1

Musik summt im Gehölz am Nachmittag.
Im Korn sich ernste Vogelscheuchen drehn.
Holunderbüsche sacht am Weg verwehn;
Ein Haus zerflimmert wunderlich und vag.

In Goldnem schwebt ein Duft von Thymian,
Auf einem Stein steht eine heitere Zahl.
Auf einer Wiese spielen Kinder Ball,
Dann hebt ein Baum vor dir zu kreisen an.

Du träumst: Die Schwester kämmt ihr blondes Haar,
Auch schreibt ein ferner Freund dir einen Brief.
Ein Schober fliegt durchs Grau vergilbt und schief
Und manchmal schwebst du leicht und wunderbar.

2

Die Zeit verrinnt. O süßer Helios!
O Bild im Krötentümpel süß und klar;
Im Sand versinkt ein Eden wunderbar.
Goldammern wiegt ein Busch in seinem Schoß.

Ein Bruder stirbt dir in verwunschnem Land
Und stählern schaun dich seine Augen an.
In Goldnem dort ein Duft von Thymian.
Ein Knabe legt am Weiler einen Brand.

Die Liebenden in Faltern neu erglühn
Und schaukeln heiter hin um Stein und Zahl.
Aufflattern Krähen um ein ekles Mahl
Und deine Stirne tost durchs sanfte Grün.

Im Dornenstrauch verendet weich ein Wild.
Nachgleitet dir ein heller Kindertag,
Der graue Wind, der flatterhaft und vag
Verfallne Düfte durch die Dämmerung spült.

3

Ein altes Wiegenlied macht dich sehr bang.
Am Wegrand fromm ein Weib ihr Kindlein stillt.
Traumwandelnd hörst Du wie ihr Bronnen quillt.
Aus Apfelzweigen fällt ein Weiheklang.

Und Brot und Wein sind süß von harten Mühn.
Nach Früchten tastet silbern deine Hand.
Die tote Rahel geht durchs Ackerland.
Mit friedlicher Gebärde winkt das Grün.

Gesegnet auch blüht armer Mägde Schoß,
Die träumend dort am alten Brunnen stehn.
Einsame froh auf stillen Pfaden gehn
Mit Gottes Kreaturen sündelos.

WINKEL AM WALD

An Karl Minnich

Braune Kastanien. Leise gleiten die alten Leute
In stilleren Abend; weich verwelken schöne Blätter.
Am Friedhof scherzt die Amsel mit dem toten Vetter,
Angelen gibt der blonde Lehrer das Geleite.

Des Todes reine Bilder schaun von Kirchenfenstern;
Doch wirkt ein blutiger Grund sehr trauervoll
        und düster.
Das Tor blieb heut verschlossen.
        Den Schlüssel hat der Küster.
Im Garten spricht die Schwester freundlich
        mit Gespenstern.

In alten Kellern reift der Wein ins Goldne, Klare.
Süß duften Äpfel. Freude glänzt nicht allzu ferne.
Den langen Abend hören Kinder Märchen gerne;
Auch zeigt sich sanftem Wahnsinn oft das Goldne,
        Wahre.

Das Blau fließt voll Reseden; in Zimmern Kerzenhelle.
Bescheiden ist ihre Stätte wohl bereitet.
Den Saum des Walds hinab ein einsam Schicksal gleitet;
Die Nacht erscheint, der Ruhe Engel, auf der Schwelle.

Rondel

Verflossen ist das Gold der Tage,
Des Abends braun und blaue Farben:
Des Hirten sanfte Flöten starben
Des Abends blau und braune Farben
Verflossen ist das Gold der Tage.

WINTERDÄMMERUNG

An Max von Esterle

Schwarze Himmel von Metall.
Kreuz in roten Stürmen wehen
Abends hungertolle Krähen
Über Parken gram und fahl.

Im Gewölk erfriert ein Strahl;
Und vor Satans Flüchen drehen
Jene sich im Kreis und gehen
Nieder siebenfach an Zahl.

In Verfaultem süß und schal
Lautlos ihre Schnäbel mähen.
Häuser dräu'n aus stummen Nähen;
Helle im Theatersaal.

Kirchen, Brücken und Spital
Grauenvoll im Zwielicht stehen.
Blutbefleckte Linnen blähen
Segel sich auf dem Kanal.

TRAUM DES BÖSEN[1]

Verhallend eines Gongs braungoldne Klänge
Ein Liebender erwacht in schwarzen Zimmern
Die Wang' an Flammen, die im Fenster flimmern.
Am Strome blitzen Segel, Masten, Strange.

Ein Mönch, ein schwangres Weib dort im Gedränge
Guitarren klimpern, rote Kittel schimmern.
Kastanien schwül in goldnem Glanz verkümmern;
Schwarz ragt der Kirchen trauriges Gepränge.

Aus bleichen Masken schaut der Geist des Bösen.
Ein Platz verdämmert grauenvoll und düster;
Am Abend regt auf Inseln sich Geflüster.

Des Vogelfluges wirre Zeichen lesen
Aussätzige, die zur Nacht vielleicht verwesen.
Im Park erblicken zitternd sich Geschwister.

---

1   letzte Überarbeitung im Oktober 1914, kurz vor Trakls Tod

MELANCHOLIE

Bläuliche Schatten. O ihr dunklen Augen,
Die lang mich anschaun in Vorübergleiten.
Guitarrenklänge sanft den Herbst begleiten
Im Garten, aufgelöst in braunen Laugen.
Des Todes ernste Düsternis bereiten
Nymphische Hände, an roten Brüsten saugen
Verfallne Lippen und in schwarzen Laugen
Des Sonnenjünglings feuchte Locken gleiten.

In den Nachmittag geflüstert

Sonne, herbstlich dünn und zag,
Und das Obst fällt von den Bäumen.
Stille wohnt in blauen Räumen
Einen langen Nachmittag.

Sterbeklänge von Metall;
Und ein weißes Tier bricht nieder.
Brauner Mädchen rauhe Lieder
Sind verweht im Blätterfall.

Stirne Gottes Farben träumt,
Spürt des Wahnsinns sanfte Flügel.
Schatten drehen sich am Hügel
Von Verwesung schwarz umsäumt.

Dämmerung voll Ruh und Wein;
Traurige Guitarren rinnen.
Und zur milden Lampe drinnen
Kehrst du wie im Traume ein.

IN EIN ALTES STAMMBUCH

Immer wiederkehrst du, Melancholie,
O Sanftmut der einsamen Seele.
Zu Ende glüht ein goldener Tag.

Demutsvoll beugt sich dem Schmerz der Geduldige
Tönend von Wohllaut und weichem Wahnsinn.
Siehe! es dämmert schon.

Wiederkehrt die Nacht und klagt ein Sterbliches,
Und es leidet ein anderes mit.

Schauernd unter herbstlichen Sternen
Neigt sich jährlich tiefer das Haupt.

Vorstadt im Föhn

Am Abend liegt die Stätte öd und braun,
Die Luft von gräulichem Gestank durchzogen.
Das Donnern eines Zugs vom Brückenbogen --
Und Spatzen flattern über Busch und Zaun.

Geduckte Hütten, Pfade wirr verstreut,
In Gärten Durcheinander und Bewegung,
Bisweilen schwillt Geheul aus dumpfer Regung,
In einer Kinderschar fliegt rot ein Kleid.

Am Kehricht pfeift verliebt ein Rattenchor.
In Körben tragen Frauen Eingeweide,
Ein ekelhafter Zug voll Schmutz und Räude,
Kommen sie aus der Dämmerung hervor.

Und ein Kanal speit plötzlich feistes Blut
Vom Schlachthaus in den stillen Fluss hinunter.
Die Föhne färben karge Stauden bunter,
Und langsam kriecht die Röte durch die Flut.

Ein Flüstern, das in trübem Schlaf ertrinkt.
Gebilde gaukeln auf aus Wassergräben,
Vielleicht Erinnerung an ein früheres Leben,
Die mit den warmen Winden steigt und sinkt.

Aus Wolken tauchen schimmernde Alleen,
Erfüllt von schönen Wägen, kühnen Reitern.
Dann sieht man auch ein Schiff auf Klippen scheitern
Und manchmal rosenfarbene Moscheen.

Menschliche Trauer[1]

Die Uhr, die vor der Sonne fünfe schlägt –
Einsame Menschen packt ein dunkles Grausen.
Im Abendgarten morsche Bäume sausen;
Des Toten Antlitz sich am Fenster regt.

Vielleicht dass diese Stunde stillesteht.
Vor trüben Augen nächtige Bilder gaukeln
Im Takt der Schiffe, die am Flusse schaukeln;
Am Kai ein Schwesternzug vorüberweht.

Es scheint, man hört der Fledermäuse Schrei,
Im Garten einen Sarg zusammenzimmern.
Gebeine durch verfallne Mauern schimmern
Und schwärzlich schwankt ein Irrer dort vorbei.

Ein blauer Strahl im Herbstgewölk erfriert.
Die Liebenden im Schlafe sich umschlingen,
Gelehnet an der Engel Sternenschwingen,
Des Edlen bleiche Schläfe Lorbeer ziert.

---

1 letzte Überarbeitung im Oktober 1914, kurz vor Trakls Tod

Psalm

Karl Kraus zugeeignet

Es ist ein Licht, das der Wind ausgelöscht hat.
Es ist ein Heidekrug, den am Nachmittag ein
Betrunkener verläßt.
Es ist ein Weinberg,
     verbrannt und schwarz mit Löchern voll Spinnen.
Es ist ein Raum, den sie mit Milch getüncht haben.
Der Wahnsinnige ist gestorben.
     Es ist eine Insel der Südsee,
Den Sonnengott zu empfangen.
     Man rührt die Trommeln.
Die Männer führen kriegerische Tänze auf.
Die Frauen wiegen die Hüften
     in Schlinggewächsen und Feuerblumen,
Wenn das Meer singt. O unser verlorenes Paradies.

Die Nymphen haben die goldenen Wälder verlassen.
Man begräbt den Fremden.
    Dann hebt ein Flimmerregen an.
Der Sohn des Pan erscheint in Gestalt
    eines Erdarbeiters,
Der den Mittag am glühenden Asphalt verschläft.
Es sind kleine Mädchen in einem Hof in Kleidchen
    voll herzzerreißender Armut!
Es sind Zimmer, erfüllt von Akkorden und Sonaten.
Es sind Schatten, die sich vor einem
    erblindeten Spiegel umarmen.
An den Fenstern des Spitals wärmen sich Genesende.
Ein weißer Dampfer am Kanal trägt
    blutige Seuchen herauf.

Die fremde Schwester erscheint wieder
 in jemands bösen Träumen.
Ruhend im Haselgebüsch spielt sie mit seinen Sternen.
Der Student, vielleicht ein Doppelgänger,
 schaut ihr lange vom Fenster nach.
Hinter ihm steht sein toter Bruder,
 oder er geht die alte Wendeltreppe herab.
Im Dunkel brauner Kastanien verblasst die Gestalt
 des jungen Novizen.
Der Garten ist im Abend.
 Im Kreuzgang flattern die Fledermäuse umher.
Die Kinder des Hausmeisters hören zu spielen auf
 und suchen das Gold des Himmels.
Endakkorde eines Quartetts.
 Die kleine Blinde läuft zitternd durch die Allee,
Und später tastet ihr Schatten an kalten Mauern hin,
umgeben von Märchen und heiligen Legenden.

Es ist ein leeres Boot, das am Abend
    den schwarzen Kanal heruntertreibt.
In der Düsternis des alten Asyls verfallen
    menschliche Ruinen.
Die toten Waisen liegen an der Gartenmauer.
Aus grauen Zimmern treten Engel
    mit kotgefleckten Flügeln.
Würmer tropfen von ihren vergilbten Lidern.
Der Platz vor der Kirche ist finster und schweigsam,
    wie in den Tagen der Kindheit.
Auf silbernen Sohlen gleiten frühere Leben vorbei
Und die Schatten der Verdammten steigen zu den
    seufzenden Wassern nieder.
In seinem Grab spielt der weiße Magier
    mit seinen Schlangen.

Schweigsam über der Schädelstätte öffnen sich
    Gottes goldene Augen.

DÄMMERUNG

Im Hof, verhext von milchigem Dämmerschein,
Durch Herbstgebräuntes weiche Kranke gleiten.
Ihr wächsern-runder Blick sinnt goldner Zeiten,
Erfüllt von Träumerei und Ruh und Wein.

Ihr Siechtum schließt geisterhaft sich ein.
Die Sterne weiße Traurigkeit verbreiten.
Im Grau, erfüllt von Täuschung und Geläuten,
Sieh, wie die Schrecklichen sich wirr zerstreun.

Formlose Spottgestalten huschen, kauern
Und flattern sie auf schwarz-gekreuzten Pfaden.
O! trauervolle Schatten an den Mauern.

Die andern fliehn durch dunkelnde Arkaden;
Und nächtens stürzen sie aus roten Schauern
Des Sternenwinds, gleich rasenden Mänaden.

Verwandlung

Entlang an Gärten, herbstlich rotversengt:
Hier zeigt im Stillen sich ein tüchtig Leben.
Des Menschen Hände tragen braune Reben,
Indes der sanfte Schmerz im Blick sich senkt.

Am Abend: Schritte gehn durch schwarzes Land
Erscheinender in roter Buchen Schweigen.
Ein blaues Tier will sich vorm Tod verneigen
Und grauenvoll verfällt ein leer Gewand.

Geruhiges vor einer Schenke spielt,
Ein Antlitz ist berauscht ins Gras gesunken.
Hollunderfrüchte, Flöten weich und trunken,
Resedenduft, der Weibliches umspült.

Zu Abend mein Herz

Am Abend hört man den Schrei der Fledermäuse,
Zwei Rappen springen auf der Wiese,
Der rote Ahorn rauscht.
Dem Wanderer erscheint die kleine Schenke am Weg.
Herrlich schmecken junger Wein und Nüsse,
Herrlich: betrunken zu taumeln in dämmernden Wald.
Durch schwarzes Geäst tönen schmerzliche Glocken,
Auf das Gesicht tropft Tau.

Klagelied

Die Freundin, die mit grünen Blumen gaukelnd
Spielt in mondenen Gärten –
O! Was glüht hinter Taxushecken!
Goldener Mund, der meine Lippen rührt,
Und sie erklingen wie die Sterne
Über dem Bache Kidron.
Aber die Sternennebel sinken über der Ebene,
Tänze wild und unsagbar.
O! Meine Freundin deine Lippen
Granatapfellippen
Reifen an meinem kristallenen Muschelmund.
Schwer ruht auf uns
Das goldene Schweigen der Ebene.
Zum Himmel dampft das Blut
Der von Herodes
Gemordeten Kinder.

1913

DELIRIUM

Der schwarze Schnee, der von den Dächern rinnt;
Ein roter Finger taucht in deine Stirne
Ins kahle Zimmer sinken blaue Firne,
Die Liebender erstorbene Spiegel sind.
In schwere Stücke bricht das Haupt und sinnt
Den Schatten nach im Spiegel blauer Firne,
Dem kahlen Lächeln einer toten Dirne.
In Nelkendüften weint der Abendwind.

Am Rand eines alten Wassers

Dunkle Deutung des Wassers:
    Stirne im Mund der Nacht,
Seufzend in schwarzen Kissen
    des Menschen rosiger Schatten,
Röte des Herbstes,
    das Rauschen des Ahorns im alten Park,
Kammerkonzerte,
    die auf verfallenen Treppen verklingen.

Untergang

An Karl Borromaeas Heinrich

Über den weißen Weiher
Sind die wilden Vögel fortgezogen.
Am Abend weht von unseren Sternen ein eisiger Wind.

Über unsere Gräber
Beugt sich die zerbrochene Stirne der Nacht.
Unter Eichen schaukeln wir auf einem silbernen Kahn.

Immer klingen die weißen Mauern der Stadt.
Unter Dornenbogen
O mein Bruder klimmen wir blinde Zeiger gen
Mitternacht.

HELIAN

In den einsamen Stunden des Geistes
Ist es schön' in der Sonne zu gehn
An den gelben Mauern des Sommers hin.
Leise klingen die Schritte im Gras; doch immer schläft
Der Sohn des Pan im grauen Marmor.

Abends auf der Terrasse betranken wir uns mit
braunem Wein.
Rötlich glüht der Pfirsich im Laub;
Sanfte Sonate' frohes Lachen.

Schön ist die Stille der Nacht.
Auf dunklem Plan
Begegnen wir uns mit Hirten und weißen Sternen.

Wenn es Herbst geworden ist
Zeigt sich nüchterne Klarheit im Hain.
Besänftigte wandeln wir an roten Mauern hin
Und die runden Augen folgen dem Flug der Vögel.
Am Abend sinkt das weiße Wasser in Graburnen.

In kahlen Gezweigen feiert der Himmel.
In reinen Händen trägt der Landmann Brot und Wein
Und friedlich reifen die Früchte in sonniger Kammer.

O wie ernst ist das Antlitz der teueren Toten.
Doch die Seele erfreut gerechtes Anschaun.

Gewaltig ist das Schweigen des verwüsteten Gartens,
Da der junge Novize die Stirne
   mit braunem Laub bekränzt,
Sein Odem eisiges Gold trinkt.

Die Hände rühren das Alter bläulicher Wasser
Oder in kalter Nacht die weißen Wangen
   der Schwestern.

Leise und harmonisch ist ein Gang
   an freundlichen Zimmern hin,
Wo Einsamkeit ist und das Rauschen des Ahorns,
Wo vielleicht noch die Drossel singt.

Schön ist der Mensch und erscheinend im Dunkel,
Wenn er staunend Arme und Beine bewegt,
Und in purpurnen Höhlen stille die Augen rollen.

Zur Vesper verliert sich der Fremdling
   in schwarzer Novemberzerstörung,
Unter morschem Geäst, an Mauern voll Aussatz hin,
Wo vordem der heilige Bruder gegangen,
Versunken in das sanfte Saitenspiel seines Wahnsinns,

O wie einsam endet der Abendwind.
Ersterbend neigt sich das Haupt
   im Dunkel des Ölbaums.

Erschütternd ist der Untergang des Geschlechts.
In dieser Stunde füllen sich die Augen des Schauenden
Mit dem Gold seine Sterne.

Am Abend versinkt ein Glockenspiel,
    das nicht mehr tönt,
Verfallen die schwarzen Mauern am Platz,
Ruft der tote Soldat zum Gebet.

Ein bleicher Engel
Tritt der Sohn ins leere Haus seiner Väter.

Die Schwestern sind ferne zu weißen Greisen gegangen.
Nachts fand sie der Schläfer unter den Säulen
    im Hausflur,
Zurückgekehrt von traurigen Pilgerschaften.

O wie starrt von Kot und Würmern ihr Haar,
Da er darein mit silbernen Füßen steht,
Und jene verstorben aus kahlen Zimmern treten.

O ihr Psalmen in feurigen Mitternachtsregen,
Da die Knechte mit Nesseln die sanften Augen schlugen,
Die kindlichen Früchte des Holunders
Sich staunend neigen über ein leeres Grab.

Leise rollen vergilbte Monde
Uber die Fieberlinnen des Jünglings,
Eh dem Schweigen des Winters folgt.

Die Stufen des Wahnsinns in schwarzen Zimmern,
Die Schatten der Alten unter der offenen Tür,
Da Helians Seele sich im rosigen Spiegel beschaut
Und Schnee und Aussatz von seiner Stirne sinken.

An den Wänden sind die Sterne erloschen
Und die weißen Gestalten des Lichts.

Dem Teppich entsteigt Gebein der Gräber,
Das Schweigen verfallener Kreuze am Hügel,
Des Weihrauchs Süße im purpurnen Nachtwind.

O ihr zerbrochenen Augen in schwarzen Mündern,
Da der Enkel in sanfter Umnachtung
Einsam dem dunkleren Ende nachsinnt,
Der stille Gott die blauen Lider über ihn senkt.

EIN HERBSTABEND

An Karl Röck

Das braune Dorf. Ein Dunkles zeigt im Schreiten
Sich oft an Mauern, die im Herbste stehn,
Gestalten: Mann wie Weib, Verstorbene gehn
In kühlen Stuben jener Bett bereiten.

Hier spielen Knaben. Schwere Schatten breiten
Sich über braune Jauche. Mägde gehn
Durch feuchte Bläue und bisweilen sehn
Aus Augen sie, erfüllt von Nachtgeläuten.

Für Einsames ist eine Schenke da;
Das säumt geduldig unter dunklen Bogen,
Von goldenem Tabaksgewölk umzogen.

Doch immer ist das Eigne schwarz und nah.
Der Trunkne sinnt im Schatten alter Bogen
Den wilden Vögeln nach, die ferngezogen.

Abendlied

Am Abend, wenn wir auf dunklen Pfaden gehn,
Erscheinen unsere bleichen Gestalten vor uns.

Wenn uns dürstet,
Trinken wir die weißen Wasser des Teichs,
Die Süße unserer traurigen Kindheit.

Erstorbene ruhen wir unterm Holundergebüsch,
Schaun den grauen Möwen zu.

Frühlingsgewölke steigen über die finstere Stadt,
Die der Mönche edlere Zeiten schweigt.

Da ich deine schmalen Hände nahm
Schlugst du leise die runden Augen auf,
Dieses ist lange her.

Doch wenn dunkler Wohllaut die Seele heimsucht,
Erscheinst du Weiße in des Freundes
        herbstlicher Landschaft.

NACHTLIED

Des Unbewegten Odem. Ein Tiergesicht
Erstarrt vor Bläue, ihrer Heiligkeit.
Gewaltig ist das Schweigen im Stein;

Die Maske eines nächtlichen Vogels. Sanfter Dreiklang
Verklingt in einem. Elai! dein Antlitz
Beugt sich sprachlos über bläuliche Wasser.

O! ihr stillen Spiegel der Wahrheit.
An des Einsamen elfenbeinerner Schläfe
Erscheint der Abglanz gefallener Engel.

Im Dorf

1.

Aus braunen Mauern tritt ein Dorf, ein Feld.
Ein Hirt verwest auf einem alten Stein.
Der Saum des Walds schließt blaue Tiere ein,
Das sanfte Laub, das in die Stille fällt.

Der Bauern braune Stirnen. Lange tönt
Die Abendglocke; schön ist frommer Brauch,
Des Heilands schwarzes Haupt im Dornenstrauch,
Die kühle Stube, die der Tod versöhnt.

Wie bleich die Mütter sind. Die Bläue sinkt
Auf Glas und Truh, die stolz ihr Sinn bewahrt;
Auch neigt ein weißes Haupt sich hochbejahrt
Aufs Enkelkind, das Milch und Sterne trinkt.

2.

Der Arme, der im Geiste einsam starb,
Steigt wächsern über einen alten Pfad.
Die Apfelbäume sinken kahl und stad
Ins Farbige ihrer Frucht, die schwarz verdarb.

Noch immer wölbt das Dach aus dürrem Stroh
Sich übern Schlaf der Kühe. Die blinde Magd
Erscheint im Hof; ein blaues Wasser klagt;
Ein Pferdeschädel starrt vom morschen Tor.

Der Idiot spricht dunklen Sinns ein Wort
Der Liebe, das im schwarzen Busch verhallt,
Wo jene steht in schmaler Traumgestalt.
Der Abend tönt in feuchter Bläue fort.

3.

Ans Fenster schlagen Äste föhnentlaubt.
Im Schoß der Bäurin wächst ein wildes Weh.
Durch ihre Arme rieselt schwarzer Schnee;
Goldäugige Eulen flattern um ihr Haupt.

Die Mauern starren kahl und grauverdreckt
Ins kühle Dunkel. Im Fieberbette friert
Der schwangere Leib, den frech der Mond bestiert.
Vor ihrer Kammer ist ein Hund verreckt.

Drei Männer treten finster durch das Tor
Mit Sensen, die im Feld zerbrochen sind.
Durchs Fenster klirrt der rote Abendwind;
Ein schwarzer Engel tritt daraus hervor.

Die Raben

Über den schwarzen Winkel hasten
Am Mittag die Raben mit hartem Schrei.
Ihr Schatten streift an der Hirschkuh vorbei
Und manchmal sieht man sie mürrisch rasten.

O wie sie die braune Stille stören,
In der ein Acker sich verzückt,
Wie ein Weib, das schwere Ahnung berückt,
Und manchmal kann man sie keifen hören.

Um ein Aas, das sie irgendwo wittern,
Und plötzlich richten nach Nord sie den Flug
Und schwinden wie ein Leichenzug
In Lüften, die von Wollust zittern.

Die junge Magd

Ludwig von Ficker zugeeignet

1

Oft am Brunnen, wenn es dämmert,
Sieht man sie verzaubert stehen
Wasser schöpfen, wenn es dämmert.
Eimer auf und nieder gehen.

In den Buchen Dohlen flattern
Und sie gleichet einem Schatten.
Ihre gelben Haare flattern
Und im Hofe schrein die Ratten.

Und umschmeichelt von Verfalle
Senkt sie die entzundenen Lider.
Dürres Gras neigt im Verfalle
Sich zu ihren Füßen nieder.

2

Stille schafft sie in der Kammer
Und der Hof liegt längst verödet.
Im Hollunder vor der Kammer
Kläglich eine Amsel flötet.

Silbern schaut ihr Bild im Spiegel
Fremd sie an im Zwielichtscheine
Und verdämmert fahl im Spiegel
Und ihr graut vor seiner Reine.

Traumhaft singt ein Knecht im Dunkel
Und sie starrt von Schmerz geschüttelt.
Röte träufelt durch das Dunkel
Jäh am Tor der Südwind rüttelt.

3

Nächtens übern kahlen Anger
Gaukelt sie in Fieberträumen.
Mürrisch greint der Wind im Anger
Und der Mond lauscht aus den Bäumen.

Balde rings die Sterne bleichen
Und ermattet von Beschwerde
Wächsern ihre Wangen bleichen.
Fäulnis wittert aus der Erde.

Traurig rauscht das Rohr im Tümpel
Und sie friert in sich gekauert.
Fern ein Hahn kräht. Übern Tümpel
Hart und grau der Morgen schauert.

4

In der Schmiede dröhnt der Hammer
Und sie huscht am Tor vorüber.
Glührot schwingt der Knecht den Hammer
Und sie schaut wie tot hinüber.

Wie im Traum trifft sie ein Lachen;
Und sie taumelt in die Schmiede,
Scheu geduckt vor seinem Lachen,
Wie der Hammer hart und rüde.

Hell versprühn im Raum die Funken
Und mit hilfloser Gebärde
Hascht sie nach den wilden Funken
Und sie stürzt betäubt zur Erde.

5

Schmächtig hingestreckt im Bette
Wacht sie auf voll süßem Bangen
Und sie sieht ihr schmutzig Bette
Ganz von goldnem Licht verhangen,

Die Reseden dort am Fenster
Und den bläulich hellen Himmel.
Manchmal trägt der Wind ans Fenster
Einer Glocke zag Gebimmel.

Schatten gleiten übers Kissen,
Langsam schlägt die Mittagsstunde
Und sie atmet schwer im Kissen
Und ihr Mund gleicht einer Wunde.

6

Abends schweben blutige Linnen,
Wolken über stummen Wäldern,
Die gehüllt in schwarze Linnen.
Spatzen lärmen auf den Feldern.

Und sie liegt ganz weiß im Dunkel.
Unterm Dach verhaucht ein Girren.
Wie ein Aas in Busch und Dunkel
Fliegen ihren Mund umschwirren.

Traumhaft klingt im braunen Weiler
Nach ein Klang von Tanz und Geigen,
Schwebt ihr Antlitz durch den Weiler,
Weht ihr Haar in kahlen Zweigen.

ALLERSEELEN

An Karl Hauer

Die Männlein, Weiblein, traurige Gesellen,
Sie streuen heute Blumen blau und rot
Auf ihre Grüfte, die sich zag erhellen.
Sie tun wie arme Puppen vor dem Tod.

O! wie sie hier voll Angst und Demut scheinen,
Wie Schatten hinter schwarzen Büschen stehn.
Im Herbstwind klagt der Ungebornen Weinen,
Auch sieht man Lichter in die Irre gehn.

Das Seufzen Liebender haucht in Gezweigen
Und dort verwest die Mutter mit dem Kind.
Unwirklich scheinet der Lebendigen Reigen
Und wunderlich zerstreut im Abendwind.

Ihr Leben ist so wirr, voll trüber Plagen.
Erbarm' dich Gott der Frauen Höll' und Qual,
Und dieser hoffnungslosen Todesklagen.
Einsame wandeln still im Sternensaal.

Trübsinn

Weltunglück geistert durch den Nachmittag.
Baraken fliehn durch Gärtchen braun und wüst.
Lichtschnuppen gaukeln um verbrannten Mist,
Zwei Schläfer schwanken heimwärts, grau und vag.

Auf der verdorrten Wiese läuft ein Kind
Und spielt mit seinen Augen schwarz und glatt.
Das Gold tropft von den Büschen trüb und matt
Ein alter Mann dreht traurig sich im Wind.

Am Abend wieder über meinem Haupt
Saturn lenkt stumm ein elendes Geschick.
Ein Baum, ein Hund tritt hinter sich zurück
Und schwarz schwankt Gottes Himmel und entlaubt.

Ein Fischlein gleitet schnell hinab den Bach;
Und leise rührt des toten Freundes Hand
Und glättet liebend Stirne und Gewand.
Ein Licht ruft Schatten in den Zimmern wach.

TROMPETEN

Unter verschnittenen Weiden, wo braune Kinder spielen
Und Blätter treiben, tönen Trompeten.
    Ein Kirchhofsschauer.
Fahnen von Scharlach stürzen durch des Ahorns Trauer,
Reiter entlang an Roggenfeldern, leeren Mühlen.

Oder Hirten singen nachts und Hirsche treten
In den Kreis ihrer Feuer, des Hains uralte Trauer,
Tanzende heben sich von einer schwarzen Mauer;
Fahnen von Scharlach, Lachen, Wahnsinn, Trompeten.

MENSCHHEIT

Menschheit vor Feuerschlünden aufgestellt,
Ein Trommelwirbel, dunkler Krieger Stirnen,
Schritte durch Blutnebel; schwarzes Eisen schellt,
Verzweiflung, Nacht in traurigen Gehirnen:
Hier Evas Schatten, Jagd und rotes Geld.
Gewölk, das Licht durchbricht, das Abendmahl.
Es wohnt in Brot und Wein ein sanftes Schweigen
Und jene sind versammelt zwölf an Zahl.
Nachts schrein im Schlaf sie unter Ölbaumzweigen;
Sankt Thomas taucht die Hand ins Wundenmal.

ROSENKRANZLIEDER

AN DIE SCHWESTER

Wo du gehst wird Herbst und Abend,
Blaues Wild, das unter Bäumen tönt,
Einsamer Weiher am Abend.

Leise der Flug der Vögel tönt,
Die Schwermut über deinen Augenbogen.
Dein schmales Lächeln tönt.

Gott hat deine Lider verbogen.
Sterne suchen nachts, Karfreitagskind,
Deinen Stirnenbogen.

NÄHE DES TODES

O der Abend, der in die finsteren Dörfer
    der Kindheit geht.
Der Weiher unter den Weiden
Füllt sich mit den verpesteten Seufzern der Schwermut.

O der Wald, der leise die braunen Augen senkt,
Da aus des Einsamen knöchernen Händen
Der Purpur seiner verzückten Tage hinsinkt.

O die Nähe des Todes. Lass uns beten.
In dieser Nacht lösen auf lauen Kissen
Vergilbt von Weihrauch sich der Liebenden
    schmächtige Glieder.

AMEN

Verwestes gleitend durch die morsche Stube;
Schatten an gelben Tapeten; in dunklen Spiegeln wölbt
Sich unserer Hände elfenbeinerne Traurigkeit.

Braune Perlen rinnen durch die erstorbenen Finger.
In der Stille
Tun sich eines Engels blaue Mohnaugen auf.

Blau ist auch der Abend;
Die Stunde unseres Absterbens, Azraels Schatten,
Der ein braunes Gärtchen verdunkelt.

In der Heimat

Resedenduft durchs kranke Fenster irrt;
Ein alter Platz, Kastanien schwarz und wüst.
Das Dach durchbricht ein goldener Strahl und fließt
Auf die Geschwister traumhaft und verwirrt.

Im Spülicht treibt Verfallnes, leise girrt
Der Föhn im braunen Gärtchen; sehr still genießt
Ihr Gold die Sonnenblume und zerfließt.
Durch blaue Luft der Ruf der Wache klirrt.

Resedenduft. Die Mauern dämmern kahl.
Der Schwester Schlaf ist schwer. Der Nachtwind wühlt
In ihrem Haar, das mondner Glanz umspült.

Der Katze Schatten gleitet blau und schmal
Vom morschen Dach, das nahes Unheil säumt,
Die Kerzenflamme, die sich purpurn bäumt.

DREI BLICKE IN EINEN OPAL

An Erhard Buschbeck

1

Blick in Opal: ein Dorf umkränzt von dürrem Wein,
Der Stille grauer Wolken, gelber Felsenhügel
Und abendlicher Quellen Kühle: Zwillingsspiegel
Umrahmt von Schatten und von schleimigem Gestein.

Des Herbstes Weg und Kreuze gehn in Abend ein,
Singende Pilger und die blutbefleckten Linnen.
Des Einsamen Gestalt kehrt also sich nach innen
Und geht, ein bleicher Engel, durch den leeren Hain.

Aus Schwarzem bläst der Föhn. Mit Satyrn im Verein
Sind schlanke Weiblein;
        Mönche der Wollust bleiche Priester,
Ihr Wahnsinn schmückt mit Lilien sich schön
        und düster
Und hebt die Hände auf zu Gottes goldenem Schrein.

2

Der ihn befeuchtet, rosig hängt ein Tropfen Tau
Im Rosmarin: hinfließt ein Hauch von Grabgerüchen,
Spitälern, wirr erfüllt von Fieberschrein und Flüchen.
Gebein steigt aus dem Erbbegräbnis morsch und grau.

In blauem Schleim und Schleiern tanzt
    des Greisen Frau,
Das schmutzstarrende Haar erfüllt von
    schwarzen Tränen,
Die Knaben träumen wirr in dürren Weidensträhnen
Und ihre Stirnen sind von Aussatz kahl und rauh.

Durchs Bogenfenster sinkt ein Abend lind und lau.
Ein Heiliger tritt aus seinen schwarzen Wundenmalen.
Die Purpurschnecken kriechen
    aus zerbrochenen Schalen
Und speien Blut in Dorngewinde starr und grau.

3

Die Blinden streuen in eiternde Wunden Weiherauch.
Rotgoldene Gewänder; Fackeln; Psalmensingen;
Und Mädchen,
    die wie Gift den Leib des Herrn umschlingen.
Gestalten schreiten wächsernstarr durch Glut
    und Rauch.

Aussätziger mitternächtigen Tanz führt an ein Gauch
Dürrknöchern. Garten wunderlicher Abenteuer;
Verzerrtes; Blumenfratzen, Lachen; Ungeheuer
Und rollendes Gestirn im schwarzen Dornenstrauch.

O Armut, Bettelsuppe, Brot und süßer Lauch;
Des Lebens Träumerei in Hütten vor den Wäldern.
Grau härtet sich der Himmel über gelben Feldern
Und eine Abendglocke singt nach altem Brauch.

An den Knaben Elis

Elis, wenn die Amsel im schwarzen Wald ruft,
Dieses ist dein Untergang.
Deine Lippen trinken die Kühle des blauen Felsenquells.

Laß, wenn deine Stirne leise blutet
Uralte Legenden
Und dunkle Deutung des Vogelflugs.

Du aber gehst mit weichen Schritten in die Nacht,
Die voll purpurner Trauben hängt,
Und du regst die Arme schöner im Blau.

Ein Dornenbusch tönt,
Wo deine mondenen Augen sind.
O, wie lange bist, Elis, du verstorben.

Dein Leib ist eine Hyazinthe,
In die ein Mönch die wächsernen Finger taucht.
Eine schwarze Höhle ist unser Schweigen,

Daraus bisweilen ein sanftes Tier tritt
Und langsam die schweren Lider senkt.
Auf deine Schläfen tropft schwarzer Tau,

Das letzte Gold verfallener Sterne.

ELIS

1

Vollkommen ist die Stille dieses goldenen Tags.
Unter alten Eichen
Erscheinst du, Elis, ein Ruhender mit runden Augen.

Ihre Bläue spiegelt den Schlummer der Liebenden.
An deinem Mund
Verstummten ihre rosigen Seufzer.

Am Abend zog der Fischer die schweren Netze ein.
Ein guter Hirt
Führt seine Herde am Waldsaum hin.
O! wie gerecht sind, Elis, alle deine Tage.

Leise sinkt
An kahlen Mauern des Ölbaums blaue Stille,
Erstirbt eines Greisen dunkler Gesang.

Ein goldener Kahn
Schaukelt, Elis, dein Herz am einsamen Himmel.

2

Ein sanftes Glockenspiel tönt in Elis' Brust —.
Am Abend,
Da sein Haupt ins schwarze Kissen sinkt.

Ein blaues Wild
Blutet leise im Dornengestrüpp.

Ein brauner Baum steht abgeschieden da;
Seine blauen Früchte fielen von ihm.

Zeichen und Sterne
Versinken leise im Abendweiher.

Hinter dem Hügel ist es Winter geworden.

Blaue Tauben trinken nachts den eisigen Schweiß,
Der von Elis' kristallener Stirne rinnt.

Immer tönt
An schwarzen Mauern Gottes einsamer Wind.

DIE VERFLUCHTEN

1

Es dämmert. Zum Brunnen gehn die alten Fraun.
Im Dunkel der Kastanien lacht ein Rot.
Aus einem Laden rinnt ein Duft von Brot
Und Sonnenblumen sinken übern Zaun.

Am Fluss die Schenke tönt noch lau und leis.
Guitarre summt; ein Klimperklang von Geld.
Ein Heiligenschein auf jene Kleine fällt,
Die vor der Glastür wartet sanft und weiß.

O! blauer Glanz, den sie in Scheiben weckt,
Umrahmt von Dornen, schwarz und starrverzückt.
Ein krummer Schreiber lächelt wie verrückt
Ins Wasser, das ein wilder Aufruhr schreckt.

2

Am Abend säumt die Pest ihr blau Gewand
Und leise schließt die Tür ein finstrer Gast.
Durchs Fenster sinkt des Ahorns schwarze Last;
Ein Knabe legt die Stirn in ihre Hand.

Oft sinken ihre Lider bös und schwer.
Des Kindes Hände rinnen durch ihr Haar
Und seine Tränen stürzen heiß und klar
In ihre Augenhöhlen schwarz und leer.

Ein Nest von scharlachfarbnen Schlangen bäumt
Sich träg in ihrem aufgewühlten Schoß.
Die Arme lassen ein Erstorbenes los,
Das eines Teppichs Traurigkeit umsäumt.

3

Ins braune Gärtchen tönt ein Glockenspiel.
Im Dunkel der Kastanien schwebt ein Blau,
Der süße Mantel einer fremden Frau.
Resedenduft; und glühendes Gefühl

Des Bösen. Die feuchte Stirn beugt kalt und bleich
Sich über Unrat, drin die Ratte wühlt,
Vom Scharlachglanz der Sterne lau umspült;
Im Garten fallen Äpfel dumpf und weich.

Die Nacht ist schwarz. Gespenstisch bläht der Föhn
Des wandelnden Knaben weißes Schlafgewand
Und leise greift in seinen Mund die Hand
Der Toten. Sonja lächelt sanft und schön.

NACHTS

Die Bläue meiner Augen ist erloschen in dieser Nacht,
Das rote Gold meines Herzens.
      O! wie stille brannte das Licht.
Dein blauer Mantel umfing den Sinkenden;
Dein roter Mund besiegelte des Freundes Umnachtung.

STUNDENLIED[1]

Mit dunklen Blicken sehen sich die Liebenden an,
Die Blonden, Strahlenden. In starrender Finsternis
Umschlingen schmächtig sich die sehnenden Arme.

Purpurn zerbrach der Gesegneten Mund.
    Die runden Augen
Spiegeln das dunkle Gold des Frühlingsnachmittags,
Saum und Schwärze des Walds, Abendängste im Grün;
Vielleicht unsäglichen Vogelflug, des Ungeborenen
Pfad an finsteren Dörfern, einsamen Sommern hin
Und aus verfallener Bläue tritt bisweilen ein Abgelebtes.

Leise rauscht im Acker das gelbe Korn.
Hart ist das Leben und stählern schwingt die Sense
    der Landmann,
Fügt gewaltige Balken der Zimmermann.

Purpurn färbt sich das Laub im Herbst;
    der mönchische Geist
Durchwandelt heitere Tage; reif ist die Traube
Und festlich die Luft in geräumigen Höfen.
Süßer duften vergilbte Früchte; leise ist das Lachen
Des Frohen, Musik und Tanz in schattigen Kellern;
Im dämmernden Garten Schritt und Stille des
verstorbenen Knaben.

---

1   letzte Überarbeitung im Juli 1914

KARL KRAUS

Weißer Hohepriester der Wahrheit,
Kristallne Stimme, in der Gottes eisiger Odem wohnt,
Zürnender Magier,
Dem unter flammendem Mantel der blaue Panzer des
Kriegers klirrt.

Unterwegs

Am Abend trugen sie den Fremden
    in die Totenkammer;
Ein Duft von Teer; das leise Rauschen roter Platanen;

Der dunkle Flug der Dohlen;
    am Platz zog eine Wache auf.
Die Sonne ist in schwarze Linnen gesunken;
    immer wieder kehrt dieser vergangene Abend.
Im Nebenzimmer spielt die Schwester eine Sonate
    von Schubert.
Sehr leise sinkt ihr Lächeln in den verfallenen Brunnen,
Der bläulich in der Dämmerung rauscht.
    O, wie alt ist unser Geschlecht.
Jemand flüstert drunten im Garten;
    jemand hat diesen schwarzen Himmel verlassen.
Auf der Kommode duften Äpfel.
    Großmutter zündet goldene Kerzen an.

O, wie mild ist der Herbst.
    Leise klingen unsere Schritte im alten Park
Unter hohen Bäumen. O, wie ernst ist
    das hyazinthene Antlitz der Dämmerung.
Der blaue Quell zu deinen Füßen,
    geheimnisvoll die rote Stille deines Munds,
Umdüstert vom Schlummer des Laubs,
    dem dunklen Gold verfallener Sonnenblumen.
Deine Lider sind schwer von Mohn und träumen
    leise auf meiner Stirne.
Sanfte Glocken durchzittern die Brust. Eine blaue Wolke
Ist dein Antlitz auf mich gesunken in der Dämmerung.
Ein Lied zur Guitarre,
    das in einer fremden Schenke erklingt,
Die wilden Hollunderbüsche dort,
    ein lang vergangener Novembertag,
Vertraute Schritte auf der dämmernden Stiege,
    der Anblick gebräunter Balken,
Ein offenes Fenster,
    an dem ein süßes Hoffen zurückblieb —
Unsäglich ist das alles, o Gott,
    dass man erschüttert ins Knie bricht.

O, wie dunkel ist diese Nacht. Eine purpurne Flamme
Erlosch an meinem Mund. In der Stille
Erstirbt der bangen Seele einsames Saitenspiel.
Lass, wenn trunken von Wein das Haupt
    in die Gosse sinkt.

KINDHEIT

Voll Früchten der Hollunder; ruhig wohnte die Kindheit
In blauer Höhle. Über vergangenen Pfad,
Wo nun bräunlich das wilde Gras saust,
Sinnt das stille Geäst; das Rauschen des Laubs

Ein gleiches, wenn das blaue Wasser im Felsen tönt.
Sanft ist der Amsel Klage. Ein Hirt
Folgt sprachlos der Sonne,
      die vom herbstlichen Hügel rollt.

Ein blauer Augenblick ist nur mehr Seele.
Am Waldsaum zeigt sich ein scheues Wild und friedlich
Ruhn im Grund die alten Glocken und finsteren Weiler.

Frömmer kennst du den Sinn der dunklen Jahre,
Kühle und Herbst in einsamen Zimmern;
Und in heiliger Bläue läuten leuchtende Schritte fort.

Leise klirrt ein offenes Fenster; zu Tränen
Rührt der Anblick des verfallenen Friedhofs am Hügel,
Erinnerung an erzählte Legenden; doch manchmal
erhellt sich die Seele,
Wenn sie frohe Menschen denkt,
      dunkelgoldene Frühlingstage.

Der Herbst des Einsamen

Der dunkle Herbst kehrt ein voll Frucht und Fülle,
Vergilbter Glanz von schönen Sommertagen.
Ein reines Blau tritt aus verfallener Hülle;
Der Flug der Vögel tönt von alten Sagen.
Gekeltert ist der Wein, die milde Stille
Erfüllt von leiser Antwort dunkler Fragen.

Und hier und dort ein Kreuz auf ödem Hügel;
Im roten Wald verliert sich eine Herde.
Die Wolke wandert übern Weiherspiegel;
Es ruht des Landmanns ruhige Gebärde.
Sehr leise rührt des Abends blauer Flügel
Ein Dach von dürrem Stroh, die schwarze Erde.

Bald nisten Sterne in des Müden Brauen;
In kühle Stuben kehrt ein still Bescheiden
Und Engel treten leise aus den blauen
Augen der Liebenden, die sanfter leiden.
Es rauscht das Rohr; anfällt ein knöchern Grauen,
Wenn schwarz der Tau tropft von den kahlen Weiden.

SONJA

Abend kehrt in alten Garten;
Sonjas Leben, blaue Stille.
Wilder Vögel Wanderfahrten;
Kahler Baum in Herbst und Stille.

Sonnenblume, sanftgeneigte
Über Sonjas weißes Leben.
Wunde, rote, nie gezeigte
Lässt in dunklen Zimmern leben,

Wo die blauen Glocken läuten;
Sonjas Schritt und sanfte Stille.
Sterbend Tier grüßt im Entgleiten,
Kahler Baum in Herbst und Stille.

Sonne alter Tage leuchtet
Über Sonjas weiße Brauen,
Schnee, der ihre Wangen feuchtet,
Und die Wildnis ihrer Brauen.

ENTLANG

Geschnitten sind Korn und Traube,
Der Weiler in Herbst und Ruh.
Hammer und Amboss klingt immerzu,
Lachen in purpurner Laube.

Astern von dunklen Zäunen
Bring dem weißen Kind.
Sag wie lang wir gestorben sind;
Sonne will schwarz erscheinen.

Rotes Fischlein im Weiher;
Stirn, die sich fürchtig belauscht;
Abendwind leise ans Fenster rauscht,
Blaues Orgelgeleier.

Stern und heimlich Gefunkel
Lässt noch einmal aufschaun.
Erscheinung der Mutter in Schmerz und Graun;
Schwarze Reseden im Dunkel.

Herbstseele

Jägerruf und Blutgebell;
Hinter Kreuz und braunem Hügel
Blendet sacht der Weiherspiegel,
Schreit der Habicht hart und hell.

Über Stoppelfeld und Pfad
Banget schon ein schwarzes Schweigen;
Reiner Himmel in den Zweigen;
Nur der Bach rinnt still und stad.

Bald entgleitet Fisch und Wild.
Blaue Seele' dunkles Wandern
Schied uns bald von Lieben, Andern.
Abend wechselt Sinn und Bild.

Rechten Lebens Brot und Wein,
Gott in deine milden Hände
Legt der Mensch das dunkle Ende,
Alle Schuld und rote Pein.

AFRA

Ein Kind mit braunem Haar. Gebet und Amen
Verdunkeln still die abendliche Kühle
Und Afras Lächeln rot in gelbem Rahmen
Von Sonnenblumen, Angst und grauer Schwüle.

Gehüllt in blauen Mantel sah vor Zeiten
Der Mönch sie fromm gemalt an Kirchenfenstern;
Das will in Schmerzen freundlich noch geleiten,
Wenn ihre Sterne durch sein Blut gespenstern.

Herbstuntergang; und des Holunders Schweigen.
Die Stirne rührt des Wassers blaue Regung,
Ein härnes Tuch gelegt auf eine Bahre.

Verfaulte Früchte fallen von den Zweigen;
Unsäglich ist der Vogel Flug, Begegnung
Mit Sterbenden; dem folgen dunkle Jahre.

Sebastian im Traum

Für Adolf Loos

1

Mutter trug das Kindlein im weißen Mond,
Im Schatten des Nussbaums, uralten Holunders,
Trunken vom Safte des Mohns, der Klage der Drossel;
Und stille
Neigte in Mitleid sich über jene ein bärtiges Antlitz

Leise im Dunkel des Fensters; und altes Hausgerät
Der Väter
Lag im Verfall; Liebe und herbstliche Träumerei.

Also dunkel der Tag des Jahrs, traurige Kindheit,
Da der Knabe leise zu kühlen Wassern,
　　silbernen Fischen hinabstieg,
Ruh und Antlitz;
Da er steinern sich vor rasende Rappen warf,
In grauer Nacht sein Stern über ihn kam;

Oder wenn er an der frierenden Hand der Mutter
Abends über Sankt Peters herbstlichen Friedhof ging,
Ein zarter Leichnam stille im Dunkel der Kammer lag
Und jener die kalten Lider über ihn aufhob.

Er aber war ein kleiner Vogel im kahlen Geäst,
Die Glocke lang im Abendnovember,
Des Vaters Stille, da er im Schlaf die dämmernde
    Wendeltreppe hinabstieg.

2

Frieden der Seele. Einsamer Winterabend,
Die dunklen Gestalten der Hirten am alten Weiher;
Kindlein in der Hütte von Stroh; o wie leise
Sank in schwarzem Fieber das Antlitz hin.
Heilige Nacht.

Oder wenn er an der harten Hand des Vaters
Stille den finstern Kalvarienberg hinanstieg
Und in dämmernden Felsennischen
Die blaue Gestalt des Menschen
    durch seine Legende ging,
Aus der Wunde unter dem Herzen purpurn
    das Blut rann.
O wie leise stand in dunkler Seele das Kreuz auf.

Liebe; da in schwarzen Winkeln der Schnee schmolz,
Ein blaues Lüftchen sich heiter im alten Holunder fing,
In dem Schattengewölbe des Nussbaums;
Und dem Knaben leise sein rosiger Engel erschien.

Freude; da in kühlen Zimmern
    eine Abendsonate erklang,
Im braunen Holzgebälk
Ein blauer Falter aus der silbernen Puppe kroch.

O die Nähe des Todes. In steinerner Mauer
Neigte sich ein gelbes Haupt, schweigend das Kind,
Da in jenem März der Mond verfiel.

3

Rosige Osterglocke im Grabgewölbe der Nacht
Und die Silberstimmen der Sterne,
Dass in Schauern ein dunkler Wahnsinn von der Stirne
des Schläfers sank.

O wie stille ein Gang den blauen Fluss hinab
Vergessenes sinnend, da im grünen Geäst
Die Drossel ein Fremdes in den Untergang rief.

Oder wenn er an der knöchernen Hand des Greisen
Abends vor die verfallene Mauer der Stadt ging
Und jener in schwarzem Mantel
        ein rosiges Kindlein trug,
Im Schatten des Nussbaums der Geist des Bösen
erschien.

Tasten über die grünen Stufen des Sommers. O wie leise
Verfiel der Garten in der braunen Stille des Herbstes,
Duft und Schwermut des alten Holunders,
Da in Sebastians Schatten die Silberstimme
        des Engels erstarb.

LANDSCHAFT

Septemberabend; traurig tönen die dunklen Rufe
    der Hirten
Durch das dämmernde Dorf; Feuer sprüht in
    der Schmiede.
Gewaltig bäumt sich ein schwarzes Pferd;
    die hyazinthenen Locken der Magd
Haschen nach der Inbrunst seiner purpurnen Nüstern.
Leise erstarrt am Saum des Waldes der Schrei
    der Hirschkuh
Und die gelben Blumen des Herbstes
Neigen sich sprachlos über das blaue Antlitz des Teichs.
In roter Flamme verbrannte ein Baum; aufflattern
    mit dunklen Gesichtern die Fledermäuse.

Ruh und Schweigen

Hirten begruben die Sonne im kahlen Wald.
Ein Fischer zog
In härenem Netz den Mond aus frierendem Weiher.

In blauem Kristall
Wohnt der bleiche Mensch, die Wang'
    an seine Sterne gelehnt;
Oder er neigt das Haupt in purpurnem Schlaf.

Doch immer rührt der schwarze Flug der Vogel
Den Schauenden, das Heilige blauer Blumen,
Denkt die nahe Stille Vergessenes, erloschene Engel.

Wieder nachtet die Stirne in mondenem Gestein;
Ein strahlender Jüngling
Erscheint die Schwester in Herbst und
    schwarzer Verwesung.

Im Frühling[1]

Leise sank von dunklen Schritten der Schnee,
Im Schatten des Baums
Heben die rosigen Lider Liebende.

Immer folgt den dunklen Rufen der Schiffer
Stern und Nacht;
Und die Ruder schlagen leise im Takt.

Balde an verfallener Mauer blühen
Die Veilchen,
Ergrünt so stille die Schläfe des Einsamen.

---

1 mit *Abend in Lans* und *Am Mönchsberg* Teil eines angedachten Zyklus

ABEND IN LANS[1]

Wanderschaft durch dämmernden Sommer
    getünchten Bogen,
Wo die Schwalbe aus und ein flog, tranken wir
    feurigen Wein.
Schön: o Schwermut und purpurnes Lachen.
Abend und die dunklen Düfte des Grüns
Kühlen mit Schauern die glühende Stirne uns.
Silberne Wasser rinnen über die Stufen des Walds,
Die Nacht und sprachlos ein vergessenes Leben.
Freund; die belaubten Stege ins Dorf.

---

1   mit *Im Frühling* und *Am Mönchsberg* Teil eines angedachten Zyklus

Am Mönchsberg[1]

Wo im Schatten herbstlicher Ulmen
    der verfallene Pfad hinabsinkt,
Ferne den Hütten von Laub, schlafenden Hirten,
Immer folgt dem Wandrer die dunkle Gestalt der Kühle
Über knöchernen Steg, die hyazinthene Stimme
    des Knaben,
Leise sagend die vergessene Legende des Walds,
Sanfter ein Krankes nun die wilde Klage des Bruders.

Also rührt ein spärliches Grün das Knie des Fremdlings,
Das versteinerte Haupt;
Näher rauscht der blaue Quell die Klage der Frauen

---

1   mit *Im Frühling* und *Abend in Lans* Teil eines angedachten Zyklus

HOHENBURG

Es ist niemand im Haus. Herbst in Zimmern;
Mondeshelle Sonate
Und das Erwachen am Saum des dämmernden Walds.

Immer denkst du das weiße Antlitz des Menschen
Ferne dem Getümmel der Zeit;
Über ein Träumendes neigt sich gerne grünes Gezweig,

Kreuz und Abend;
Umfängt den Tönenden mit purpurnen Armen
    sein Stern,
Der zu unbewohnten Fenstern hinaufsteigt.

Also zittert im Dunkel der Fremdling,
Da er leise die Lider über ein Menschliches aufhebt,
Das ferne ist; die Silberstimme des Windes im Hausflur

KASPAR HAUSER LIED

Für Bessie Loos

Er wahrlich liebte die Sonne,
    die purpurn den Hügel hinabstieg,
Die Wege des Walds, den singenden Schwarzvogel
Und die Freude des Grüns.

Ernsthaft war sein Wohnen im Schatten des Baums
Und rein sein Antlitz.
Gott sprach eine sanfte Flamme zu seinem Herzen:
O Mensch!

Stille fand sein Schritt die Stadt am Abend;
Die dunkle Klage seines Munds:
Ich will ein Reiter werden.

Ihm aber folgte Busch und Tier,
Haus und Dämmergarten weißer Menschen
Und sein Mörder suchte nach ihm.

Frühling und Sommer und schön der Herbst
Des Gerechten, sein leiser Schritt
An den dunklen Zimmern Träumender hin.
Nachts blieb er mit seinem Stern allein;

Sah, dass Schnee fiel in kahles Gezweig
Und im dämmernden Hausflur den Schatten
    des Mörders.

Silbern sank des Ungebornen Haupt hin.

WINTERNACHT

Es ist Schnee gefallen. Nach Mitternacht verlässt du
betrunken von purpurnem Wein den dunklen Bezirk
der Menschen, die rote Flamme ihres Herdes. O die
Finsternis!

Schwarzer Frost. Die Erde ist hart, nach Bitterem
schmeckt die Luft. Deine Sterne schließen sich zu bösen
Zeichen.

Mit versteinerten Schritten stampfst du am Bahndamm
hin, mit runden Augen, wie ein Soldat, der eine
schwarze Schanze stürmt. Avanti!

Bitterer Schnee und Mond!

Ein roter Wolf, den ein Engel würgt. Deine Beine klirren
schreitend wie blaues Eis und ein Lächeln voll Trauer
und Hochmut hat dein Antlitz versteinert und die
Stirne erbleicht vor der Wollust des Frostes; oder sie
neigt sich schweigend über den Schlaf eines Wächters,
der in seiner hölzernen Hütte hinsank.

Frost und Rauch. Ein weißes Sternenhemd verbrennt
die tragenden Schultern und Gottes Geier zerfleischen
dein metallenes Herz.

O der steinerne Hügel. Stille schmilzt und vergessen der
kühle Leib im silbernen Schnee hin.

Schwarz ist der Schlaf. Das Ohr folgt lange den Pfaden der Sterne im Eis.

Beim Erwachen klangen die Glocken im Dorf. Aus dem östlichen Tor trat silbern der rosige Tag.

DER WANDERER

Immer lehnt am Hügel die weiße Nacht,
Wo in Silbertönen die Pappel ragt,
Stern' und Steine sind.

Schlafend wölbt sich über den Gießbach der Steg,
Folgt dem Knaben ein erstorbenes Antlitz,
Sichelmond in rosiger Schlucht

Ferne preisenden Hirten. In altem Gestein
Schaut aus kristallenen Augen die Kröte,
Erwacht der blühende Wind,
        die Vogelstimme des Totengleichen
Und die Schritte ergrünen leise im Wald.

Dieses erinnert an Baum und Tier.
        Langsame Stufen von Moos;
Und der Mond,
Der glänzend in traurigen Wassern versinkt.

Jener kehrt wieder und wandelt an grünem Gestade,
Schaukelt auf schwarzem Gondelschiffchen
        durch die verfallene Stadt.

VERKLÄRUNG

Wenn es Abend wird,
Verlässt dich leise ein blaues Antlitz.
Ein kleiner Vogel singt im Tamarindenbaum.

Ein sanfter Mönch
Faltet die erstorbenen Hände.
Ein weißer Engel sucht Marien heim.

Ein nächtiger Kranz
Von Veilchen, Korn und purpurnen Trauben
Ist das Jahr des Schauenden.

Zu deinen Füßen
Öffnen sich die Gräber der Toten,
Wenn du die Stirne in die silbernen Hände legst.

Stille wohnt
An deinem Mund der herbstliche Mond,
Trunken von Mohnsaft dunkler Gesang;

Blaue Blume,
Die leise tönt in vergilbtem Gestein.

DIE SONNE

Täglich kommt die gelbe Sonne über den Hügel.
Schön ist der Wald, das dunkle Tier,
Der Mensch; Jäger oder Hirt.

Rötlich steigt im grünen Weiher der Fisch.
Unter dem runden Himmel
Fährt der Fischer leise im blauen Kahn.

Langsam reift die Traube, das Korn.
Wenn sich stille der Tag neigt,
Ist ein Gutes und Böses bereitet.

Wenn es Nacht wird,
Hebt der Wanderer leise die schweren Lider;
Sonne aus finsterer Schlucht bricht.

AN DIE VERSTUMMTEN

O, der Wahnsinn der großen Stadt, da am Abend
An schwarzer Mauer verkrüppelte Bäume starren,
Aus silberner Maske der Geist des Bösen schaut;
Licht mit magnetischer Geißel
        die steinerne Nacht verdrängt.
O, das versunkene Läuten der Abendglocken.

Hure, die in eisigen Schauern ein totes Kindlein gebärt.
Rasend peitscht Gottes Zorn die Stirne des Besessenen,
Purpurne Seuche, Hunger, der grüne Augen zerbricht.
O, das grässliche Lachen des Golds.

Aber stille blutet in dunkler Höhle
        stummere Menschheit,
Fügt aus harten Metallen das erlösende Haupt.

ANIF

Erinnerung: Möwen, gleitend über
    den dunklen Himmel
Männlicher Schwermut.
Stille wohnst du im Schatten der herbstlichen Esche,
Versunken in des Hügels gerechtes Maß;

Immer gehst du den grünen Fluss hinab,
Wenn es Abend geworden,
Tönende Liebe; friedlich begegnet das dunkle Wild,

Ein rosiger Mensch. Trunken von bläulicher Witterung
Rührt die Stirne das sterbende Laub
Und denkt das ernste Antlitz der Mutter;
O, wie alles ins Dunkel hinsinkt;

Die gestrengen Zimmer und das alte Gerät
Der Väter.
Dieses erschüttert die Brust des Fremdlings.
O, ihr Zeichen und Sterne.

Groß ist die Schuld des Geborenen.
    Weh, ihr goldenen Schauer
Des Todes,
Da die Seele kühlere Blüten träumt.

Immer schreit im kahlen Gezweig der nächtliche Vogel
Über des Mondenen Schritt,
Tönt ein eisiger Wind an den Mauern des Dorfs.

GEBURT

Gebirge: Schwärze, Schweigen und Schnee.
Rot vom Wald niedersteigt die Jagd;
O, die moosigen Blicke des Wilds.

Stille der Mutter; unter schwarzen Tannen
Öffnen sich die schlafenden Hände,
Wenn verfallen der kalte Mond erscheint.

O, die Geburt des Menschen. Nächtlich rauscht
Blaues Wasser im Felsengrund;
Seufzend erblickt sein Bild der gefallene Engel,

Erwacht ein Bleiches in dumpfer Stube.
Zwei Monde
Erglänzen die Augen der steinernen Greisin.

Weh, der Gebärenden Schrei. Mit schwarzem Flügel
Rührt die Knabenschläfe die Nacht,
Schnee, der leise aus purpurner Wolke sinkt.

GEISTLICHE DÄMMERUNG

Stille begegnet am Saum des Waldes
Ein dunkles Wild;
Am Hügel endet leise der Abendwind,

Verstummt die Klage der Amsel,
Und die sanften Flöten des Herbstes
Schweigen im Rohr.

Auf schwarzer Wolke
Befährst du trunken von Mohn
Den nächtigen Weiher,

Den Sternenhimmel.
Immer tönt der Schwester mondene Stimme
Durch die geistliche Nacht.

Ein Winterabend

Wenn der Schnee ans Fenster fällt,
Lang die Abendglocke läutet,
Vielen ist der Tisch bereitet
Und das Haus ist wohlbestellt.

Mancher auf der Wanderschaft
Kommt ans Tor auf dunklen Pfaden.
Golden blüht der Baum der Gnaden
Aus der Erde kühlem Saft.

Wanderer tritt still herein;
Schmerz versteinerte die Schwelle.
Da erglänzt in reiner Helle
Auf dem Tische Brot und Wein.

ABENDLÄNDISCHES LIED

O der Seele nächtlicher Flügelschlag:
Hirten gingen wir einst an dämmernden Wäldern hin
Und es folgte das rote Wild,
    die grüne Blume und der lallende Quell
Demutsvoll. O, der uralte Ton des Heimchens,
Blut blühend am Opferstein
Und der Schrei des einsamen Vogels über der grünen
Stille des Teichs.

O, ihr Krenzzüge und glühenden Martern
Des Fleisches, Fallen purpurner Früchte
Im Abendgarten,
    wo vor Zeiten die frommen Jünger gegangen,
Kriegsleute nun,
    erwachend aus Wunden und Sternenträumen.
O, das sanfte Zyanenbündel der Nacht.

O, ihr Zeiten der Stille und goldener Herbste,
Da wir friedliche Mönche
    die purpurne Traube gekeltert;
Und rings erglänzten Hügel und Wald.
O, ihr Jagden und Schlösser; Ruh des Abends,
Da in seiner Kammer der Mensch Gerechtes sann,
In stummem Gebet um Gottes lebendiges Haupt rang.

O, die bittere Stunde des Untergangs,
Da wir ein steinernes Antlitz
　　in schwarzen Wassern beschaun.
Aber strahlend heben die silbernen Lider die Liebenden:
Ein Geschlecht. Weihrauch strömt von rosigen Kissen
Und der süße Gesang der Auferstandenen.

AN EINEN FRÜHVERSTORBENEN

O, der schwarze Engel,
    der leise aus dem Innern des Baums trat,
Da wir sanfte Gespielen am Abend waren,
Am Rand des bläulichen Brunnens.
Ruhig war unser Schritt, die runden Augen
    in der braunen Kühle des Herbstes,
O, die purpurne Süße der Sterne.

Jener aber ging die steinernen Stufen
    des Mönchsbergs hinab,
Ein blaues Lächeln im Antlitz und seltsam verpuppt
In seine stillere Kindheit und starb;
Und im Garten blieb das silberne Antlitz
    des Freundes zurück,
Lauschend im Laub oder im alten Gestein.

Seele sang den Tod, die grüne Verwesung des Fleisches
Und es war das Rauschen des Walds,
Die inbrünstige Klage des Wildes.
Immer klangen von dämmernden Türmen
    die blauen Glocken des Abends.

Stunde kam, da jener die Schatten
    in purpurner Sonne sah,
Die Schatten der Fäulnis in kahlem Geäst;
Abend, da an dämmernder Mauer die Amsel sang,
Der Geist des Frühverstorbenen stille
    im Zimmer erschien.

O, das Blut, das aus der Kehle des Tönenden rinnt,
Blaue Blume; o die feurige Träne
Geweint in die Nacht.

Goldene Wolke und Zeit. In einsamer Kammer
Lädst du öfter den Toten zu Gast,
Wandelst in trautem Gespräch unter Ulmen
      den grünen Fluss hinab.

AN NOVALIS

(1. Fassung)

Ruhend in kristallner Erde, heiliger Fremdling,
Vom dunklen Munde nahm ein Gott ihm die Klage,
Da er in seiner Blüte hinsank
Friedlich erstarb ihm das Saitenspiel
In der Brust,
Und es streute der Frühling seine Palmen vor ihn,
Da er mit zögernden Schritten
Schweigend das nächtige Haus verließ.

AN NOVALIS

(Fassung 2a)

In dunkler Erde ruht der heilige Fremdling.
Es nahm von sanftem Munde ihm die Klage der Gott,
Da er in seiner Blüte hinsank.
Eine blaue Blume
Fortlebt sein Lied im nächtlichen Haus der Schmerzen.

AN NOVALIS

(Fassung 2b)

In dunkler Erde ruht der heilige Fremdling
In zarter Knospe
Wuchs dem Jüngling der göttliche Geist,
Das trunkene Saitenspiel
Und verstummte in rosiger Blüte.

1914

―――――

Traum und Umnachtung

Am Abend ward zum Greis der Vater; in dunklen Zimmern versteinerte das Antlitz der Mutter und auf dem Knaben lastete der Fluch des entarteten Geschlechts. Manchmal erinnerte er sich seiner Kindheit, erfüllt von Krankheit, Schrecken und Finsternis, verschwiegener Spiele im Sternengarten, oder dass er die Ratten fütterte im dämmernden Hof. Aus blauem Spiegel trat die schmale Gestalt der Schwester und er stürzte wie tot ins Dunkel. Nachts brach sein Mund gleich einer roten Frucht auf und die Sterne erglänzten über seiner sprachlosen Trauer. Seine Träume erfüllten das alte Haus der Väter. Am Abend ging er gerne über den verfallenen Friedhof, oder er besah in dämmernder Totenkammer die Leichen, die grünen Flecken der Verwesung auf ihren schönen Händen. An der Pforte des Klosters bat er um ein Stück Brot; der Schatten eines Rappen sprang aus dem Dunkel und erschreckte ihn. Wenn er in seinem kühlen Bette lag, überkamen ihn unsägliche Tränen. Aber es war niemand, der die Hand auf seine Stirne gelegt hätte. Wenn der Herbst kam, ging er, ein Hellseher, in brauner Au. O, die Stunden wilder Verzückung, die Abende am grünen Fluss, die Jagden. O, die Seele, die leise das Lied des vergilbten Rohrs sang; feurige Frömmigkeit. Stille sah er und lang in die Sternenaugen der Kröte, befühlte mit erschauernden Händen die Kühle des alten Steins und besprach die ehrwürdige Sage des blauen Quells. O, die silbernen Fische und die Früchte, die von verkrüppelten Bäumen fielen. Die Akkorde seiner Schritte erfüllten ihn mit Stolz und Menschenverachtung. Am Heimweg traf er ein unbewohntes Schloss. Verfallene Götter standen im Garten, hintrauernd am Abend. Ihm aber schien: hier lebte ich vergessene Jahre. Ein Orgelchoral erfüllte ihn mit Gottes Schauern. Aber in dunkler Höhle verbrachte er seine Tage, log und stahl und verbarg sich, ein flammender Wolf, vor dem weißen Antlitz der Mutter. O, die Stunde, da er mit steinernem Munde im Sternengarten hinsank, der Schatten des Mörders über ihn kam. Mit purpurner Stirne ging er ins Moor und Gottes Zorn züchtigte seine metallenen Schultern; o, die Birken im Sturm, das dunkle Getier, das seine umnachteten Pfade mied. Hass verbrannte sein Herz, Wollust, da er im grünenden Sommergarten dem schweigenden Kind Gewalt tat, in dem strahlenden sein umnachtetes Antlitz erkannte. Weh, des Abends am Fenster, da aus purpurnen Blumen, ein gräulich Gerippe, der Tod trat. O, ihr Türme und Glocken; und die Schatten der Nacht fielen steinern auf ihn.

Niemand liebte ihn. Sein Haupt verbrannte Lüge und Unzucht in dämmernden Zimmern. Das blaue Rauschen eines Frauengewandes ließ ihn zur Säule erstarren und in der Tür stand die nächtige Gestalt seiner Mutter. Zu seinen Häupten erhob sich der Schatten des Bösen. O, ihr Nächte und Sterne. Am Abend ging er mit dem Krüppel am Berge hin; auf eisigem Gipfel lag der rosige Glanz der Abendröte und sein Herz läutete leise in der Dämmerung. Schwer sanken die stürmischen Tannen über sie und der rote Jäger trat aus dem Wald. Da es Nacht ward, zerbrach kristallen sein Herz und die Finsternis schlug seine Stirne. Unter kahlen Eichbäumen erwürgte er mit eisigen Händen eine wilde Katze. Klagend zur Rechten erschien die weiße Gestalt eines Engels, und es wuchs im Dunkel der Schatten des Krüppels. Er aber hob einen Stein und warf ihn nach jenem, dass er heulend floh, und seufzend verging im Schatten des Baums das sanfte Antlitz des Engels. Lange lag er auf steinigem Acker und sah staunend das goldene Zelt der Sterne. Von Fledermäusen gejagt, stürzte er fort ins Dunkel. Atemlos trat er ins verfallene Haus. Im Hof trank er, ein wildes Tier, von den blauen Wassern des Brunnens, bis ihn fror. Fiebernd saß er auf der eisigen Stiege, rasend gen Gott, dass er stürbe. O, das graue Antlitz des Schreckens, da er die runden Augen über einer Taube zerschnittener Kehle aufhob. Huschend über fremde Stiegen begegnete er einem Judenmädchen und er griff nach ihrem schwarzen Haar und er nahm ihren Mund. Feindliches folgte ihm durch finstere Gassen und sein Ohr zerriss ein eisernes Klirren. An herbstlichen Mauern folgte er, ein Mesnerknabe, stille dem schweigenden Priester; unter verdorrten Bäumen atmete er trunken den

Scharlach jenes ehrwürdigen Gewands. O, die verfallene
Scheibe der Sonne. Süße Martern verzehrten sein Fleisch.
In einem verödeten Durchhaus erschien ihm starrend
von Unrat seine blutende Gestalt. Tiefer liebte er die er-
habenen Werke des Steins; den Turm, der mit höllischen
Fratzen nächtlich den blauen Sternenhimmel stürmt; das
kühle Grab, darin des Menschen feuriges Herz bewahrt ist.
Weh, der unsäglichen Schuld, die jenes kundtut. Aber da
er Glühendes sinnend den herbstlichen Fluss hinabging
unter kahlen Bäumen hin, erschien in härenem Mantel
ihm, ein flammender Dämon, die Schwester. Beim Er-
wachen erloschen zu ihren Häuptern die Sterne.

O des verfluchten Geschlechts. Wenn in befleckten
Zimmern jegliches Schicksal vollendet ist, tritt mit mo-
dernden Schritten der Tod in das Haus. O, dass draußen
Frühling wäre und im blühenden Baum ein lieblicher
Vogel sänge. Aber gräulich verdorrt das spärliche Grün an
den Fenstern der Nächtlichen und es sinnen die blutenden
Herzen noch Böses. O, die dämmernden Frühlingswege
des Sinnenden. Gerechter erfreut ihn die blühende Hecke,
die junge Saat des Landmanns und der singende Vogel,
Gottes sanftes Geschöpf; die Abendglocke und die schöne
Gemeine der Menschen. Dass er seines Schicksals ver-
gäße und des dornigen Stachels. Frei ergrünt der Bach,
wo silbern wandelt sein Fuß, und ein sagender Baum
rauscht über dem umnachteten Haupt ihm. Also hebt er
mit schmächtiger Hand die Schlange, und in feurigen Trä-
nen schmolz ihm das Herz hin. Erhaben ist das Schweigen
des Walds, ergrüntes Dunkel und das moosige Getier,

aufflatternd, wenn es Nacht wird. O der Schauer, da jeg-
liches seine Schuld weiß, dornige Pfade geht. Also fand er
im Dornenbusch die weiße Gestalt des Kindes, blutend
nach dem Mantel seines Bräutigams. Er aber stand ver-
graben in sein stählernes Haar stumm und leidend vor
ihr. O die strahlenden Engel, die der purpurne Nachtwind
zerstreute. Nachtlang wohnte er in kristallener Höhle und
der Aussatz wuchs silbern auf seiner Stirne. Ein Schatten
ging er den Saumpfad hinab unter herbstlichen Sternen.
Schnee fiel, und blaue Finsternis erfüllte das Haus. Eines
Blinden klang die harte Stimme des Vaters und beschwor
das Grauen. Weh der gebeugten Erscheinung der Frauen.
Unter erstarrten Händen verfielen Frucht und Gerät dem
entsetzten Geschlecht. Ein Wolf zerriss das Erstgeborene
und die Schwestern flohen in dunkle Gärten zu knö-
chernen Greisen. Ein umnachteter Seher sang jener an
verfallenen Mauern und seine Stimme verschlang Gottes
Wind. O die Wollust des Todes. O ihr Kinder eines dunk-
len Geschlechts. Silbern schimmern die bösen Blumen
des Bluts an jenes Schläfe, der kalte Mond in seinen zer-
brochenen Augen. O, der Nächtlichen; o, der Verfluchten.
    Tief ist der Schlummer in dunklen Giften, erfüllt von
Sternen und dem weißen Antlitz der Mutter, dem stei-
nernen. Bitter ist der Tod, die Kost der Schuldbeladenen;
in dem braunen Geäst des Stamms zerfielen grinsend die
irdenen Gesichter. Aber leise sang jener im grünen Schat-
ten des Hollunders, da er aus bösen Träumen erwachte;
süßer Gespiele nahte ihm ein rosiger Engel, dass er, ein
sanftes Wild, zur Nacht hinschlummerte; und er sah das

Sternenantlitz der Reinheit. Golden sanken die Sonnen-
blumen über den Zaun des Gartens, da es Sommer ward.
O, der Fleiß der Bienen und das grüne Laub des Nuss-
baums; die vorüberziehenden Gewitter. Silbern blühte
der Mohn auch, trug in grüner Kapsel unsere nächtigen
Sternenträume. O, wie stille war das Haus, als der Vater
ins Dunkel hinging. Purpurn reifte die Frucht am Baum
und der Gärtner rührte die harten Hände; o die härenen
Zeichen in strahlender Sonne. Aber stille trat am Abend
der Schatten des Toten in den trauernden Kreis der Seinen
und es klang kristallen sein Schritt über die grünende
Wiese vorm Wald. Schweigende versammelten sich jene
am Tisch; Sterbende brachen sie mit wächsernen Händen
das Brot, das blutende. Weh der steinernen Augen der
Schwester, da beim Mahle ihr Wahnsinn auf die nächtige
Stirne des Bruders trat, der Mutter unter leidenden Hän-
den das Brot zu Stein ward. O der Verwesten, da sie mit
silbernen Zungen die Hölle schwiegen. Also erloschen die
Lampen im kühlen Gemach und aus purpurnen Masken
sahen schweigend sich die leidenden Menschen an. Die
Nacht lang rauschte ein Regen und erquickte die Flur. In
dorniger Wildnis folgte der Dunkle den vergilbten Pfaden
im Korn, dem Lied der Lerche und der sanften Stille des
grünen Gezweigs, dass er Frieden fände. O, ihr Dörfer
und moosigen Stufen, glühender Anblick. Aber beinern
schwanken die Schritte über schlafende Schlangen am
Waldsaum und das Ohr folgt immer dem rasenden Schrei
des Geiers. Steinige Öde fand er am Abend, Geleite eines
Toten in das dunkle Haus des Vaters. Purpurne Wolke um-

wölkte sein Haupt, dass er schweigend über sein eigenes
Blut und Bildnis herfiel, ein mondenes Antlitz; steinern
ins Leere hinsank, da in zerbrochenem Spiegel, ein ster-
bender Jüngling, die Schwester erschien; die Nacht das
verfluchte Geschlecht verschlang.

Siebengesang des Todes

Bläulich dämmert der Frühling;
    unter saugenden Bäumen
Wandert ein Dunkles in Abend und Untergang,
Lauschend der sanften Klage der Amsel.
Schweigend erscheint die Nacht, ein blutendes Wild,
Das langsam hinsinkt am Hügel.
In feuchter Luft schwankt blühendes Apfelgezweig,
Löst silbern sich Verschlungenes,
Hinsterbend aus nächtigen Augen; fallende Sterne;
Sanfter Gesang der Kindheit.

Erscheinender stieg der Schläfer den schwarzen
    Wald hinab,
Und es rauschte ein blauer Quell im Grund,
Dass jener leise die bleichen Lider aufhob
Über sein schneeiges Antlitz;
Und es jagte der Mond ein rotes Tier
Aus seiner Höhle;
Und es starb in Seufzern die dunkle Klage der Frauen.

Strahlender hob die Hände zu seinem Stern
Der weiße Fremdling;
Schweigend verlässt ein Totes das verfallene Haus.

O des Menschen verweste Gestalt: gefügt
    aus kalten Metallen,
Nacht und Schrecken versunkener Wälder
Und der sengenden Wildnis des Tiers;
Windesstille der Seele.

Auf schwärzlichem Kahn fuhr jener
    schimmernde Ströme hinab,
Purpurner Sterne voll, und es sank
Friedlich das ergrünte Gezweig auf ihn,
Mohn aus silberner Wolke.

Föhn

Blinde Klage im Wind, mondene Wintertage,
Kindheit, leise verhallen die Schritte
    an schwarzer Hecke,
Langes Abendgeläut.
Leise kommt die weiße Nacht gezogen,

Verwandelt in purpurne Träume Schmerz und Plage
Des steinigen Lebens,
Dass nimmer der dornige Stachel ablasse
    vom verwesenden Leib.
Tief im Schlummer aufseufzt die bange Seele,

Tief der Wind in zerbrochenen Bäumen,
Und es schwankt die Klagegestalt
Der Mutter durch den einsamen Wald

Dieser schweigenden Trauer; Nächte,
Erfüllt von Tränen, feurigen Engeln.
Silbern zerschellt an kahler Mauer ein kindlich Gerippe.

Verwandlung des Bösen

Herbst: schwarzes Schreiten am Waldsaum; Minute
stummer Zerstörung; auflauscht die Stirne des Aussät-
zigen unter dem kahlen Baum. Langvergangener Abend,
der nun über die Stufen von Moos sinkt; November. Eine
Glocke läutet und der Hirt führt eine Herde von schwar-
zen und roten Pferden ins Dorf. Unter dem Haselgebüsch
weidet der grüne Jäger ein Wild aus. Seine Hände rauchen
von Blut und der Schatten des Tiers seufzt im Laub über
den Augen des Mannes, braun und schweigsam; der Wald.
Krähen, die sich zerstreuen; drei. Ihr Flug gleicht einer So-
nate, voll verblichener Akkorde und männlicher Schwer-
mut; leise löst sich eine goldene Wolke auf. Bei der Mühle
zünden Knaben ein Feuer an. Flamme ist des Bleichsten
Bruder und jener lacht vergraben in sein purpurnes Haar;
oder es ist ein Ort des Mordes, an dem ein steiniger Weg
vorbeiführt. Die Berberitzen sind verschwunden, jahr-
lang träumt es in bleierner Luft unter den Föhren; Angst,
grünes Dunkel, das Gurgeln eines Ertrinkenden: aus dem
Sternenweiher zieht der Fischer einen großen, schwarzen
Fisch, Antlitz voll Grausamkeit und Irrsinn. Die Stimmen
des Rohrs, hadernder Männer im Rücken schaukelt jener
auf rotem Kahn über frierende Herbstwasser, lebend in
dunklen Sagen seines Geschlechts und die Augen steinern
über Nächte und jungfräuliche Schrecken aufgetan. Böse.
    Was zwingt dich still zu stehen auf der verfallenen Stie-
ge, im Haus deiner Väter? Bleierne Schwärze. Was hebst

du mit silberner Hand an die Augen; und die Lider sinken wie trunken von Mohn? Aber durch die Mauer von Stein siehst du den Sternenhimmel, die Milchstraße, den Saturn; rot. Rasend an die Mauer von Stein klopft der kahle Baum. Du auf verfallenen Stufen: Baum, Stern, Stein! Du, ein blaues Tier, das leise zittert; du, der bleiche Priester, der es hinschlachtet am schwarzen Altar. O dein Lächeln im Dunkel, traurig und böse, dass ein Kind im Schlaf erbleicht. Eine rote Flamme sprang aus deiner Hand und ein Nachtfalter verbrannte daran. O die Flöte des Lichts; o die Flöte des Tods. Was zwang dich still zu stehen auf verfallener Stiege, im Haus deiner Väter? Drunten ans Tor klopft ein Engel mit kristallnem Finger.

O die Hölle des Schlafs; dunkle Gasse, braunes Gärtchen. Leise läutet im blauen Abend der Toten Gestalt. Grüne Blümchen umgaukeln sie und ihr Antlitz hat sie verlassen. Oder es neigt sich verblichen über die kalte Stirne des Mörders im Dunkel des Hausflurs; Anbetung, purpurne Flamme der Wollust; hinsterbend stürzte über schwarze Stufen der Schläfer ins Dunkel.

Jemand verließ dich am Kreuzweg und du schaust lange zurück. Silberner Schritt im Schatten verkrüppelter Apfelbäumchen. Purpurn leuchtet die Frucht im schwarzen Geäst und im Gras häutet sich die Schlange. O! das Dunkel; der Schweiß, der auf die eisige Stirne tritt und die traurigen Träume im Wein, in der Dorfschenke unter schwarzverrauchtem Gebälk. Du, noch Wildnis, die rosige Inseln zaubert aus dem braunen Tabaksgewölk und aus dem Innern den wilden Schrei eines Greifen holt, wenn

er um schwarze Klippen jagt in Meer, Sturm und Eis. Du,
ein grünes Metall und innen ein feuriges Gesicht, das
hingehen will und singen vom Beinerhügel finstere Zeiten
und den flammenden Sturz des Engels. O! Verzweiflung,
die mit stummem Schrei ins Knie bricht.

Ein Toter besucht dich. Aus dem Herzen rinnt das
selbstvergossene Blut und in schwarzer Braue nistet un-
säglicher Augenblick; dunkle Begegnung. Du – ein pur-
purner Mond, da jener im grünen Schatten des Ölbaums
erscheint. Dem folgt unvergängliche Nacht.

Am Moor

(2. Fassung)

Mantel im schwarzen Wind.
    Leise flüstert das dürre Rohr
In der Stille des Moors; am grauen Himmel
Ein Zug von wilden Vögeln folgt;
Quere über finsteren Wassern.

Knöchern gleiten die Hände durch kahle Birken,
Knickt der Schritt in braunes Gehölz,
Wo zu sterben ein einsames Tier wohnt.

Aufruhr. In verfallener Hütte
Flattert mit schwarzen Flügeln ein gefallener Engel,
Schatten der Wolke; und der Wahnsinn des Baums;

Schrei der Elster. Altes Weiblein kreuzt den Weg
Ins Dorf. Unter schwarzem Geäst
O was bannt mit Fluch und Feuer den Schritt
Stummes Glockengeläut; Nähe des Schnees.

Sturm. Der dunkle Geist der Fäulnis im Moor
Und die Schwermut grasender Herden.
Schweigend jagt
Den Himmel mit zerbrochnen Masten die Nacht.

FRÜHLING DER SEELE[1]

Aufschrei im Schlaf;
        durch schwarze Gassen stürzt der Wind,
Das Blau des Frühlings winkt durch brechendes Geäst,
Purpurner Nachttau und es erlöschen rings die Sterne.
Grünlich dämmert der Fluss, silbern die alten Alleen
Und die Türme der Stadt. O sanfte Trunkenheit
Im gleitenden Kahn und die dunklen Rufe der Amsel
In kindlichen Gärten. Schon lichtet sich der rosige Flor.

Feierlich rauschen die Wasser.
        O die feuchten Schatten der Au,
Das schreitende Tier; Grünendes, Blütengezweig
Rührt die kristallene Stirne;
        schimmernder Schaukelkahn.
Leise tönt die Sonne im Rosengewölk am Hügel.
Groß ist die Stille des Tannenwalds,
        die ernsten Schatten am Fluss.

Reinheit! Reinheit!
        Wo sind die furchtbaren Pfade des Todes,
Des grauen steinernen Schweigens, die Felsen der Nacht
Und die friedlosen Schatten?
        Strahlender Sonnenabgrund.

---

1 *Frühling der Seele II*, entstanden Ende 1913 oder im März 1914

Schwester, da ich dich fand an einsamer Lichtung
Des Waldes und Mittag war und groß das Schweigen
    des Tiers;
Weiße unter wilder Eiche, und es blühte silbern
    der Dorn.
Gewaltiges Sterben und die singende Flamme
    im Herzen.

Dunkler umfließen die Wasser die schönen Spiele
    der Fische.
Stunde der Trauer, schweigender Anblick der Sonne;
Es ist die Seele ein Fremdes auf Erden.
    Geistlich dämmert
Bläue über dem verhauenen Wald und es läutet
Lange eine dunkle Glocke im Dorf; friedlich Geleit.
Stille bluht die Myrthe über den weißen Lidern des
Toten.

Leise tönen die Wasser im sinkenden Nachmittag
Und es grünet dunkler die Wildnis am Ufer, Freude
    im rosigen Wind
Der sanfte Gesang des Bruders am Abendhügel.

Im Dunkel

Es schweigt die Seele den blauen Frühling.
Unter feuchtem Abendgezweig
Sank in Schauern die Stirne den Liebenden.

O das grünende Kreuz. In dunklem Gespräch
Erkannten sich Mann und Weib.
An kahler Mauer
Wandelt mit seinen Gestirnen der Einsame.

Über die mondbeglänzten Wege des Walds
Sank die Wildnis
Vergessener Jagden; Blick der Bläue
Aus verfallenen Felsen bricht.

Gesang des Abgeschiedenen

An Karl Borromaeas Heinrich

Voll Harmonien ist der Flug der Vögel.
    Es haben die grünen Wälder
Am Abend sich zu stilleren Hütten versammelt;
Die kristallenen Weiden des Rehs.
Dunkles besänftigt das Plätschern des Bachs,
    die feuchten Schatten

Und die Blumen des Sommers, die schön
    im Winde läuten.
Schon dämmert die Stirne dem sinnenden Menschen.

Und es leuchtet ein Lämpchen, das Gute,
    in seinem Herzen
Und der Frieden des Mahls; denn geheiligt ist Brot
    und Wein
Von Gottes Händen, und es schaut aus nächtigen Augen
Stille dich der Bruder an, dass er ruhe von
    dorniger Wanderschaft.
O das Wohnen in der beseelten Bläue der Nacht.

Liebend auch umfängt das Schweigen im Zimmer
    die Schatten der Alten,
Die purpurnen Martern,
    Klage eines großen Geschlechts,
Das fromm nun hingeht im einsamen Enkel.

Denn strahlender immer erwacht
    aus schwarzen Minuten des Wahnsinns
Der Duldende an versteinerter Schwelle
Und es umfängt ihn gewaltig die kühle Bläue und
    die leuchtende Neige des Herbstes,

Das stille Haus und die Sagen des Waldes,
Maß und Gesetz und die mondenen Pfade
    der Abgeschiedenen.

Passion

Wenn Orpheus silbern die Laute rührt,
Beklagend ein Totes im Abendgarten,
Wer bist du Ruhendes unter hohen Bäumen?
Es rauscht die Klage das herbstliche Rohr,
Der blaue Teich,
Hinsterbend unter grünenden Bäumen
Und folgend dem Schatten der Schwester;
Dunkle Liebe
Eines wilden Geschlechts,
Dem auf goldenen Rädern der Tag davonrauscht.
Stille Nacht.

Unter finsteren Tannen
Mischten zwei Wölfe ihr Blut
In steinerner Umarmung; ein Goldnes
Verlor sich die Wolke über dem Steg,
Geduld und Schweigen der Kindheit.
Wieder begegnet der zarte Leichnam
Am Tritonsteich
Schlummernd in seinem hyazinthenen Haar.
Dass endlich zerbräche das kühle Haupt!

Denn immer folgt, ein blaues Wild,
Ein Äugendes unter dämmernden Bäumen,
Dieser dunkleren Pfaden
Wachend und bewegt von nächtigem Wohllaut,
Sanftem Wahnsinn;
Oder es tönte dunkler Verzückung
Voll das Saitenspiel
Zu den kühlen Füßen der
Büßerin in der steinernen Stadt.

In Hellbrunn

Wieder folgend der blauen Klage des Abends
Am Hügel hin, am Frühlingsweiher —
Als schwebten darüber die Schatten lange Verstorbener,
Die Schatten der Kirchenfürsten, edler Frauen —
Schon blühen ihre Blumen, die ernsten Veilchen
Im Abendgrund, rauscht des blauen Quells
Kristallne Woge. So geistlich ergrünen
Die Eichen über den vergessenen Pfaden der Toten,
Die goldene Wolke über dem Weiher.

IN VENEDIG

Stille in nächtigem Zimmer.
Silbern flackert der Leuchter
Vor dem singenden Odem
Des Einsamen;
Zaubrisches Rosengewölk.

Schwärzlicher Fliegenschwarm
Verdunkelt den steinernen Raum,
Und es starrt von der Qual
Des goldenen Tags das Haupt
Des Heimatlosen.

Reglos nachtet das Meer.
Stern und schwärzliche Fahrt
Entschwand am Kanal.
Kind, dein kränkliches Lächeln
Folgte mir leise im Schlaf.

SOMMER

Am Abend schweigt die Klage
Des Kuckucks im Wald.
Tiefer neigt sich das Korn,
Der rote Mohn.

Schwarzes Gewitter droht
Über dem Hügel.
Das alte Lied der Grille
Erstirbt im Feld.

Nimmer regt sich das Laub
Der Kastanie.
Auf der Wendeltreppe
Rauscht dein Kleid.

Stille leuchtet die Kerze
Im dunklen Zimmer;
Eine silberne Hand
Löschte sie aus;

Windstille, sternlose Nacht.

Jahr

Dunkle Stille der Kindheit. Unter grünenden Eschen
Weidet die Sanftmut bläulichen Blickes; goldene Ruh.
Ein Dunkles entzückt der Duft der Veilchen;
    schwankende Ähren
Im Abend, Samen und die goldenen Schatten
    der Schwermut.
Balken behaut der Zimmermann;
    im dämmernden Grund
Mahlt die Mühle; im Hasellaub wölbt sich
    ein purpurner Mund,
Männliches rot über schweigende Wasser geneigt.
Leise ist der Herbst, der Geist des Waldes;
    goldene Wolke
Folgt dem Einsamen, der schwarze Schatten des Enkels.
Neige in steinernem Zimmer; unter alten Zypressen
Sind der Tränen nächtige Bilder zum Quell versammelt;
Goldenes Auge des Anbeginns, dunkle Geduld
    des Endes.

ABENDLAND

Else Lasker-Schüler in Verehrung

1

Mond, als träte ein Totes
Aus blauer Höhle,
Und es fallen der Bluten
Viele über den Felsenpfad.
Silbern weint ein Krankes
Am Abendweiher,
Auf schwarzem Kahn
Hinüberstarben Liebende.

Oder es läuten die Schritte
Elis' durch den Hain
Den hyazinthenen
Wieder verhallend unter Eichen.
O des Knaben Gestalt
Geformt aus kristallenen Tränen,
Nächtigen Schatten.
Zackige Blitze erhellen die Schläfe
Die immerkühle,
Wenn am grünenden Hügel
Frühlingsgewitter ertönt.

2

So leise sind die grünen Wälder
Unsrer Heimat,
Die kristallene Woge
Hinsterbend an verfallner Mauer
Und wir haben im Schlaf geweint;
Wandern mit zögernden Schritten
An der dornigen Hecke hin Singende
im Abendsommer, in heiliger Ruh
Des fern verstrahlenden Weinbergs;
Schatten nun im kühlen Schoß
Der Nacht, trauernde Adler.
So leise schließt ein mondener Strahl
Die purpurnen Male der Schwermut.

3

Ihr großen Städte
Steinern aufgebaut
In der Ebene! So sprachlos folgt
Der Heimatlose
Mit dunkler Stirne dem Wind,
Kahlen Bäumen am Hügel.
Ihr weithin dämmernden Ströme!
Gewaltig ängstet
Schaurige Abendröte
Im Sturmgewölk.
Ihr sterbenden Völker!
Bleiche Woge
Zerschellend am Strande der Nacht,
Fallende Sterne.

GESANG EINER GEFANGENEN AMSEL

Für Ludwig von Ficker

Dunkler Odem im grünen Gezweig.
Blaue Blumchen umschweben das Antlitz
Des Einsamen, den goldnen Schritt
Ersterbend unter dem Ölbaum.
Aufflattert mit trunknem Flügel die Nacht.
So leise blutet Demut,
Tau, der langsam tropft vom blühenden Dorn.
Strahlender Arme Erbarmen
Umfängt ein brechendes Herz.

OFFENBARUNG UND UNTERGANG

Seltsam sind die nächtigen Pfade des Menschen. Da ich nachtwandelnd an steinernen Zimmern hinging und es brannte in jedem ein stilles Lämpchen, ein kupferner Leuchter, und da ich frierend aufs Lager hinsank, stand zu Häupten wieder der schwarze Schatten der Fremdlingin und schweigend verbarg ich das Antlitz in den langsamen Händen. Auch war am Fenster blau die Hyazinthe aufgeblüht und es trat auf die purpurne Lippe des Odmenden das alte Gebet, sanken von den Lidern kristallne Tränen geweint um die bittere Welt. In dieser Stunde war ich im Tod meines Vaters der weiße Sohn. In blauen Schauern kam vom Hügel der Nachtwind, die dunkle Klage der Mutter, hinsterbend wieder und ich sah die schwarze Hölle in meinem Herzen; Minute schimmernder Stille. Leise trat aus kalkiger Mauer ein unsägliches Antlitz – ein sterbender Jüngling – die Schönheit eines heimkehrenden Geschlechts. Mondesweiß umfing die Kühle des Steins die wachende Schläfe, verklangen die Schritte der Schatten auf verfallenen Stufen, ein rosiger Reigen im Gärtchen.

Schweigend saß ich in verlassener Schenke unter verrauchtem Holzgebälk und einsam beim Wein; ein strahlender Leichnam über ein Dunkles geneigt und es lag ein totes Lamm zu meinen Füßen. Aus verwesender Bläue trat die bleiche Gestalt der Schwester und also sprach ihr blutender Mund: Stich schwarzer Dorn. Ach noch tönen von wilden Gewittern die silbernen Arme mir. Fließe

Blut von den mondenen Füßen, blühend auf nächtigen
Pfaden, darüber schreiend die Ratte huscht. Aufflackert
ihr Sterne in meinen gewölbten Brauen; und es läutet leise
das Herz in der Nacht. Einbrach ein roter Schatten mit
flammendem Schwert in das Haus, floh mit schneeiger
Stirne. O bitterer Tod.

Und es sprach eine dunkle Stimme aus mir: Meinem
Rappen brach ich im nächtigen Wald das Genick, da
aus seinen purpurnen Augen der Wahnsinn sprang; die
Schatten der Ulmen fielen auf mich, das blaue Lachen
des Quells und die schwarze Kühle der Nacht, da ich ein
wilder Jäger aufjagte ein schneeiges Wild; in steinerner
Hölle mein Antlitz erstarb.

Und schimmernd fiel ein Tropfen Blutes in des Einsa-
men Wein; und da ich davon trank, schmeckte er bitterer
als Mohn; und eine schwärzliche Wolke umhüllte mein
Haupt, die kristallenen Tränen verdammter Engel; und
leise rann aus silberner Wunde der Schwester das Blut
und fiel ein feuriger Regen auf mich.

Am Saum des Waldes will ich ein Schweigendes gehn,
dem aus sprachlosen Händen die härene Sonne sank;
ein Fremdling am Abendhügel, der weinend aufhebt
die Lider über die steinerne Stadt; ein Wild, das stille
steht im Frieden des alten Hollunders; o ruhlos lauscht
das dämmernde Haupt, oder es folgen die zögernden
Schritte der blauen Wolke am Hügel, ernsten Gestirnen
auch. Zur Seite geleitet stille die grüne Saat, begleitet
auf moosigen Waldespfaden scheu das Reh. Es haben
die Hütten der Dörfler sich stumm verschlossen und es

ängstigt in schwarzer Windesstille die blaue Klage des Wildbachs.

Aber da ich den Felsenpfad hinabstieg, ergriff mich der Wahnsinn und ich schrie laut in der Nacht; und da ich mit silbernen Fingern mich über die schweigenden Wasser bog, sah ich dass mich mein Antlitz verlassen. Und die weiße Stimme sprach zu mir: Töte dich! Seufzend erhob sich eines Knaben Schatten in mir und sah mich strahlend aus kristallnen Augen an, dass ich weinend unter den Bäumen hinsank, dem gewaltigen Sternengewölbe.

Friedlose Wanderschaft durch wildes Gestein ferne den Abendweilern, heimkehrenden Herden; ferne weidet die sinkende Sonne auf kristallner Wiese und es erschüttert ihr wilder Gesang, der einsame Schrei des Vogels, ersterbend in blauer Ruh. Aber leise kommst du in der Nacht, da ich wachend am Hügel lag, oder rasend im Frühlingsgewitter; und schwärzer immer umwölkt die Schwermut das abgeschiedene Haupt, erschrecken schaurige Blitze die nächtige Seele, zerreißen deine Hände die atemlose Brust mir.

Da ich in den dämmernden Garten ging, und es war die schwarze Gestalt des Bösen von mir gewichen, umfing mich die hyazinthene Stille der Nacht; und ich fuhr auf gebogenem Kahn über den ruhenden Weiher und süßer Frieden rührte die versteinerte Stirne mir. Sprachlos lag ich unter den alten Weiden und es war der blaue Himmel hoch über mir und voll von Sternen; und da ich anschauend hinstarb, starben Angst und der Schmerzen tiefster in mir; und es hob sich der blaue Schatten des

Knaben strahlend im Dunkel, sanfter Gesang; hob sich auf mondenen Flügeln über die grünenden Wipfel, kristallene Klippen das weiße Antlitz der Schwester.

Mit silbernen Sohlen stieg ich die dornigen Stufen hinab und ich trat ins kalkgetünchte Gemach. Stille brannte ein Leuchter darin und ich verbarg in purpurnen Linnen schweigend das Haupt; und es warf die Erde einen kindlichen Leichnam aus, ein mondenes Gebilde, das langsam aus meinem Schatten trat, mit zerbrochenen Armen steinerne Stürze hinabsank, flockiger Schnee.

DAS GEWITTER

Ihr wilden Gebirge, der Adler
Erhabene Trauer.
Goldnes Gewölk
Raucht über steinerner Öde.
Geduldige Stille odmen die Föhren,
Die schwarzen Lämmer am Abgrund
Wo plötzlich die Bläue
Seltsam verstummt,
Das sanfte Summen der Hummeln.
O grüne Blume –
O Schweigen.

Traumhaft erschüttern des Wildbachs
Dunkle Geister das Herz,
Finsternis,
Die über die Schluchten hereinbricht!
Weiße Stimmen
Irrend durch schaurige Vorhöfe,
Zerrißne Terrassen,
Der Väter gewaltiger Groll, die Klage
Der Mütter,
Des Knaben goldener Kriegsschrei
Und Ungebornes
Seufzend aus blinden Augen.

O Schmerz, du flammendes Anschaun
Der großen Seele!
Schon zuckt im schwarzen Gewühl
Der Rosse und Wagen
Ein rosenschauriger Blitz
In die tönende Fichte.
Magnetische Kühle
Umschwebt dies stolze Haupt,
Glühende Schwermut
Eines zürnenden Gottes.

Angst, du giftige Schlange,
Schwarze, stirb im Gestein!
Da stürzen der Tränen
Wilde Ströme herab,
Sturm-Erbarmen,
Hallen in drohenden Donnern
Die schneeigen Gipfel rings.
Feuer
Läutert zerrissene Nacht.

Vorhölle

An herbstlichen Mauern, es suchen Schatten dort
Am Hügel das tönende Gold
Weidende Abendwolken
In der Ruh verdorrter Platanen.
Dunklere Tränen odmet diese Zeit,
Verdammnis, da des Träumers Herz
Überfließt von purpurner Abendröte,
Der Schwermut der rauchenden Stadt;
Dem Schreitenden nachweht goldene Kühle
Dem Fremdling, vom Friedhof,
Als folgte im Schatten ein zarter Leichnam

Leise läutet der steinerne Bau;
Der Garten der Waisen, das dunkle Spital,
Ein rotes Schiff am Kanal.
Träumend steigen und sinken im Dunkel
Verwesende Menschen
Und aus schwärzlichen Toren
Treten Engel mit kalten Stirnen hervor;
Bläue, die Todesklagen der Mütter.
Es rollt durch ihr langes Haar,
Ein feuriges Rad, der runde Tag
Der Erde Qual ohne Ende.

In kühlen Zimmern ohne Sinn
Modert Gerät, mit knöchernen Händen
Tastet im Blau nach Märchen
Unheilige Kindheit,
Benagt die fette Ratte Tür und Truh,
Ein Herz
Erstarrt in schneeiger Stille.
Nachhallen die purpurnen Flüche
Des Hungers in faulendem Dunkel,
Die schwarzen Schwerter der Lüge,
Als schlüge zusammen ein ehernes Tor.

DAS HERZ

Das wilde Herz ward weiß am Wald;
O dunkle Angst
Des Todes, so das Gold
In grauer Wolke starb.
Novemberabend.
Am kahlen Tor am Schlachthaus stand
Der armen Frauen Schar;
In jeden Korb
Fiel faules Fleisch und Eingeweid;
Verfluchte Kost!

Des Abends blaue Taube
Brachte nicht Versöhnung.
Dunkler Trompetenruf
Durchfuhr der Ulmen
Nasses Goldlaub,
Eine zerfetzte Fahne
Vom Blute rauchend,
Dass in wilder Schwermut
Hinlauscht ein Mann.
O! ihr ehernen Zeiten
Begraben dort im Abendrot.

Aus dunklem Hausflur trat
Die goldne Gestalt
Der Jünglingin
Umgeben von bleichen Monden,
Herbstlicher Hofstaat,
Zerknickten schwarze Tannen
Im Nachtsturm,
Die steile Festung.
O Herz
Hinüberschimmernd in schneeige Kühle.

Die Heimkehr

Die Kühle dunkler Jahre,
Schmerz und Hoffnung
Bewahrt zyklopisch Gestein,
Menschenleeres Gebirge,
Des Herbstes goldner Odem,
Abendwolke –
Reinheit!

Anschaut aus blauen Augen
Kristallne Kindheit;
Unter dunklen Fichten
Liebe, Hoffnung,
Dass von feurigen Lidern
Tau ins starre Gras tropft –
Unaufhaltsam!

O! dort der goldene Steg
Zerbrechend im Schnee
Des Abgrunds!
Blaue Kühle
Odmet das nächtige Tal,
Glaube, Hoffnung!
Gegrüßt du einsamer Friedhof!

Die Schwermut

Gewaltig bist du dunkler Mund
Im Innern, aus Herbstgewölk
Geformte Gestalt,
Goldner Abendstille;
Ein grünlich dämmernder Bergstrom
In zerbrochner Föhren
Schattenbezirk;
Ein Dorf,
Das fromm in braunen Bildern abstirbt.

Da springen die schwarzen Pferde
Auf nebliger Weide.
Ihr Soldaten!
Vom Hügel, wo sterbend die Sonne rollt
Stürzt das lachende Blut –
Unter Eichen
Sprachlos! O grollende Schwermut
Des Heers; ein strahlender Helm
Sank klirrend von purpurner Stirne.

Herbstesnacht so kühle kommt,
Erglänzt mit Sternen
Über zerbrochenem Männergebein
Die stille Mönchin.

SOMMERSNEIGE

Der grüne Sommer ist so leise
Geworden, dein kristallenes Antlitz.
Am Abendweiher starben die Blumen,
Ein erschrockener Amselruf.

Vergebliche Hoffnung des Lebens. Schon rüstet
Zur Reise sich die Schwalbe im Haus
Und die Sonne versinkt am Hügel;
Schon winkt zur Sternenreise die Nacht.

Stille der Dörfer; es tönen rings
Die verlassenen Wälder. Herz,
Neige dich nun Liebender
Über die ruhige Schläferin.

Der grüne Sommer ist so leise
Geworden und es läutet der Schritt
Des Fremdlings durch die silberne Nacht.
Gedächte ein blaues Wild seines Pfads,
Des Wohllauts seiner geistlichen Jahre!

DER ABEND

Mit toten Heldengestalten
Erfüllst du Mond
Die schweigenden Wälder,
Sichelmond --
Mit der sanften Umarmung
Der Liebenden,
Den Schatten berühmter Zeiten
Die modernden Felsen rings;
so bläulich erstrahlt es
Gegen die Stadt hin,
Wo kalt und böse
Ein verwesend Geschlecht wohnt,
Der weißen Enkel
Dunkle Zukunft bereitet.
Ihr mondverschlungnen Schatten
Aufseufzend im leeren Kristall
Des Bergsees.

Die Nacht

Dich sing ich wilde Zerklüftung,
Im Nachtsturm
Aufgetürmtes Gebirge;
Ihr grauen Türme
Überfließend von höllischen Fratzen,
Feurigem Getier,
Rauhen Farnen, Fichten,
Kristallnen Blumen.
Unendliche Qual,
Dass du Gott erjagtest
Sanfter Geist,
Aufseufzend im Wassersturz,
In wogenden Föhren.

Golden lodern die Feuer
Der Völker rings.
Über schwärzliche Klippen
Stürzt todestrunken
Die erglühende Windsbraut,
Die blaue Woge
Des Gletschers
Und es dröhnt
Gewaltig die Glocke im Tal:
Flammen, Flüche
Und die dunklen
Spiele der Wollust,
Stürmt den Himmel
Ein versteinertes Haupt.

DER SCHLAF

Verflucht ihr dunklen Gifte,
Weißer Schlaf!
Dieser höchst seltsame Garten
Dämmernder Bäume
Erfüllt von Schlangen, Nachtfaltern,
Spinnen, Fledermäusen.
Fremdling! Dein verlorner Schatten
Im Abendrot,
Ein finsterer Korsar
Im salzigen Meer der Trübsal.
Aufflattern weiße Vögel am Nachtsaum
Über stürzenden Städten
Von Stahl.

KLAGE[1]

Jüngling aus kristallnem Munde
Sank dein goldner Blick ins Tal;
Waldes Woge rot und fahl
In der schwarzen Abendstunde.
Abend schlägt so tiefe Wunde!

Angst! des Todes Traumbeschwerde,
Abgestorben Grab und gar
Schaut aus Baum und Wild das Jahr;
Kahles Feld und Ackererde.
Ruft der Hirt die bange Herde.

Schwester, deine blauen Brauen
Winken leise in der Nacht.
Orgel seufzt und Hölle lacht
Und es fasst das Herz ein Grauen;
Möchte Stern und Engel schauen.

Mutter muss ums Kindlein zagen:
Rot ertönt im Schacht das Erz,
Wollust, Tränen, steinern Schmerz,
Der Titanen dunkle Sagen.
Schwermut! einsam Adler klagen.

---

1   *Klage I*, entstanden im Juli 1914

Nachtergebung

Mönchin! schließ mich in dein Dunkel,
Ihr Gebirge kühl und blau!
Niederblutet dunkler Tau;
Kreuz ragt steil im Sterngefunkel.

Purpurn brachen Mund und Lüge
In verfallner Kammer kühl;
Scheint noch Lachen, golden Spiel,
Einer Glocke letzte Züge.

Mondeswolke! Schwärzlich fallen
Wilde Früchte nachts vom Baum
Und zum Grabe wird der Raum
Und zum Traum dies Erdenwallen.

Im Osten

Den wilden Orgeln des Wintersturms
Gleicht des Volkes finstrer Zorn,
Die purpurne Woge der Schlacht,
Entlaubter Sterne.

Mit zerbrochnen Brauen, silbernen Armen
Winkt sterbenden Soldaten die Nacht.
Im Schatten der herbstlichen Esche
Seufzen die Geister der Erschlagenen.

Dornige Wildnis umgürtet die Stadt.
Von blutenden Stufen jagt der Mond
Die erschrockenen Frauen.
Wilde Wölfe brachen durchs Tor.

KLAGE[1]

Schlaf und Tod, die düstern Adler
Umrauschen nachtlang dieses Haupt:
Des Menschen goldnes Bildnis
Verschlänge die eisige Woge
Der Ewigkeit. An schaurigen Riffen
Zerschellt der purpurne Leib
Und es klagt die dunkle Stimme
Über dem Meer.
Schwester stürmischer Schwermut
Sieh ein ängstlicher Kahn versinkt
Unter Sternen,
Dem schweigenden Antlitz der Nacht.

---

1 *Klage II*, entstanden September 1914 im Feld

GRODEK[1]

Am Abend tönen die herbstlichen Wälder
Von tödlichen Waffen, die goldnen Ebenen
Und blauen Seen, darüber die Sonne
Düstrer hinrollt; umfängt die Nacht
Sterbende Krieger, die wilde Klage
Ihrer zerbrochenen Münder.
Doch stille sammelt im Weidengrund
Rotes Gewölk, darin ein zürnender Gott wohnt
Das vergoßne Blut sich, mondne Kühle;
Alle Straßen münden in schwarze Verwesung.
Unter goldnem Gezweig der Nacht und Sternen
Es schwankt der Schwester Schatten
        durch den schweigenden Hain,
Zu grüßen die Geister der Helden,
        die blutenden Häupter;
Und leise tönen im Rohr die dunklen Flöten
        des Herbstes.
O stolzere Trauer! ihr ehernen Altäre
Die heiße Flamme des Geistes nährt heute
        ein gewaltiger Schmerz,
Die ungebornen Enkel.

---

1 Erstfassung im September 1914, Zweitfassung 25. bis 27. Oktober
   1914, kurz vor Trakls Tod am 4. November 1914

Weitere lieferbare Literatur im marixverlag

Joachim Ringelnatz
Liebesgedichte

Gebunden mit Schutzumschlag
ca. 160 S.; Format: 12,5 x 20 cm
ISBN: 978-3-7374-0955-1

»Sein eigentliches künstlerisches Element war die Sprachphantastik, das erfinderische Spiel des Wortes, das er mit handwerklichem Sinn für Farbe und Kraft behandelte; das konnte lärmende Kaskaden geben.«
Theodor Heuss

Joachim Ringelnatz ist den meisten Lesern vor allem als Meister der komischen und frechen Lyrik bekannt. Sein poetisches Werk hinterlässt aber auch eine Reihe von Liebesgedichten und offenbart eine einfühlsame, leidenschaftliche aber nicht weniger humorvolle Seite. Nie beliebig, immer eigen und »ringelnatzig«-originell ist er auch in seinen Liebesgedichten. Dieser Band versammelt die schönsten, heitersten und erotischsten Liebesgedichte aus dem Gesamtwerk des großen deutschen Lyrikers.

Franziska zu Reventlow
Herrn Dames Aufzeichnungen
Oder Begebenheiten aus einem
merkwürdigen Stadtteil

Gebunden mit Schutzumschlag
224 S.; Format: 12,5 x 20 cm
ISBN: 978-3-86539-374-6

»Ihr Zynismus kannte keine Grenzen, doch immer alles mit Grazie.«
Annette Kolb

Freie Liebe, das Leben als nie endendes Fest, Dandys, Spinner, Spätaufsteher, Esoteriker – das sind Elemente und Menschen, die die Welt der Münchener Bohème ausmachen. Und mittendrin: Herr Dame, der in seiner Naivität den Münchener Bohemiens das ein oder andere Geheimnis entlockt und die ein oder andere überspielte Unwissenheit zu Tage fördert. Auf liebevolle und doch hin und wieder schmunzelnde Art porträtiert Fanny zu Reventlow in Herrn Dames Aufzeichnungen das Leben der Münchener Bohème sowie ausgewählte Personen ihres eigenen Umfelds und schafft so den skurrilen Schlüsselroman der Schwabinger Bohème.

Gilbert Keith Chesterton
Pater Brown Geschichten

Gebunden mit Schutzumschlag
256 S.; Format: 12,5 x 20 cm
ISBN: 978-3-7374-0954-4

**»Er ist so lustig, daß man fast glauben könnte, er habe Gott erfunden.«
Franz Kafka**

Niemand käme wohl auf die Idee Monsieur Dupin oder Sherlock Holmes zu unterschätzen. Chestertons Father Brown hingegen ist unscheinbar, sieht sogar etwas einfältig aus – was ihm immer wieder zum Vorteil gereicht – und ist dazu noch Priester. Dieser wohl eigenwilligste und interessanteste Held der klassischen Kriminalliteratur schlägt seine Widersacher wie alle anderen großen Detektive natürlich vor allem mit genialer List und Intelligenz. Doch darüber hinaus hat er einen persönlichen Vorteil, den keiner seiner Detektivkollegen mitbringt und der sich bei der Aufklärung der abenteuerlichen Fälle immer wieder als unverzichtbar erweist: Als Priester weiß er mehr über die Sünden und Abgründen der Menschen und so ist es ihm ein leichtes, die kriminellen Absichten und Geheimnisse der Täter zu durchschauen.

Rainer Maria Rilke
**Die Aufzeichnungen des
Malte Laurids Brigge**
Roman

gebunden mit Schutzumschlag,
224 S. Format: 12,5 x 20 cm
978-3-86539-373-9

»Teurer Rilke! […] Ich liebte in ihm den zartesten und geisterfülltesten Menschen dieser Welt, den Menschen, der am meisten heimgesucht war von all den wunderbaren Ängsten und allen Geheimnissen des Geistes.« *Paul Valéry*

Malte Laurids Brigge, Spross einer alten dänischen Adelsfamilie, lebt in den Tag hinein – bis seine Eltern sterben. Vor den Scherben seiner noch jungen Existenz fliehend, sucht er im schillernden Paris Schutz. Dort ist er mit dem hektischen Großstadtleben konfrontiert, dessen Sog ihn immer mehr in seinen Bann zieht. Gleichzeitig keimt Widerstand in ihm auf – er beginnt, sich auf sich selbst zu fokussieren und erkennt in der Erinnerung an seine Kindheit in adligem Hause sein wahres Ich wieder.